Mosaik

Elisabeth Fischer

Schnelle vegetarische Küche

Raffinierte Rezepte in 5–30 Minuten zubereitet

Mosaik Verlag

Fotos: Michael Schinharl

Styling: Cornelia Schinharl

Layout: Peter Pleischl

Einbandgestaltung: Petra Dorkenwald

Der Mosaik Verlag ist ein Unternehmen
der Verlagsgruppe Bertelsmann

Redaktion: Martina Schießl
Satz: Filmsatz Schröter GmbH, München
Reproduktion: Arti Litho, Trento
Druck und Bindung: EGEDSA, Barcelona
DLB-30307-91
Printed in Spain · ISBN 3-576-01627-9

INHALT

VORWORT

Gesundes aus der schnellen Küche

Die Erkenntnis, daß die Ernährung einen direkten Einfluß auf unser Wohlbefinden hat, läßt das Bedürfnis nach gesunder Kost wachsen. Aber Erkenntnis und Bedürfnis können sich oft gegen den chronischen Streß des Alltags nicht durchsetzen. Fazit vieler Diskussionen: »Wollen tät ich schon, gesünder wär's auch, aber Zeit dazu hab ich keine.« Das Ernährungsdilemma oder schon fast die Ernährungstragik des modernen Menschen. Hochwertige Lebensmittel sind ausreichend vorhanden und leicht erhältlich, aber die Zeit zum Kochen fehlt.

Was wir brauchen sind Rezepte, die sich einfach und schnell zubereiten lassen und die selbst verwöhnten Schleckermäulern gut schmecken. Darum ein Kochbuch, dessen Kapitel nach Minuten aufgeteilt sind. Ich habe sämtliche Rezepte mit dem Küchenwecker gestoppt zubereitet und war oft selbst erstaunt über die Geschwindigkeit, mit der das Essen auf dem Tisch stand. Keine Angst, Sie sollen jetzt nicht atemlos zum Wettbewerb – »Wie koche ich am schnellsten ein fünfgängiges Menü für vier Personen?« – antreten. »Spaß am unkomplizierten Kochen, damit viel Zeit zum genußvollen Essen bleibt«, könnte der Untertitel dieses Buches heißen. Beschränken Sie die Lust am guten Essen nicht auf wenige feierliche Gelegenheiten und lassen sonst Herrn Instant Tiefkühl und Frau Mikro Wella das Regime in Ihrer Küche führen. Warum sich begnügen, wenn's täglich schmecken kann? Durch die Arbeit an diesem Buch habe ich selbst viel gelernt. Ich koche lieber als je zuvor, rationeller und schneller, ohne Streß, der Küchenwecker hat's mir beigebracht. Auch wenn die Zeit sehr knapp wird, kann mich das nicht mehr aufregen: ich weiß, in 15 Minuten ist ein Spaghetti-Gericht fertig. Die Rezeptbeschreibungen sind oft sehr ausführlich; es sind die Kleinigkeiten, die den Unterschied ausmachen, will man schnell und einfach kochen. Wichtige Einzelheiten werden öfters wiederholt; ich kann nicht davon ausgehen, daß Sie ein ganzes Buch studieren, bevor Sie ein Rezept kochen.

Der modernen Küche bleibt kein Fortschritt erspart. Die Rede ist vom viel gepriesenen und gut verkauften Mikrowellenherd. Nach Rezepten für die Mikroschnellen werden Sie vergebens suchen. Die Diskussion darüber, ob der Verzehr der mit elektromagnetischen Schwingungen gegarten Speisen gesundheitsschädigend sei oder nicht, ist noch nicht abgeschlossen und wird von Befürwortern und Gegnern der High-Tech-Küchenmaschine heftig geführt. Ich für meinen Teil habe beschlossen, kein Meerschweinchen zu werden, das die Aufnahme zum Langzeittest auch noch teuer bezahlen muß. Sie brauchen keine Mikrowelle, um nach dem neuesten Stand der Technik nicht besser und kaum schneller zu kochen, als es mit traditionellen Methoden und pfiffigen Rezepten möglich ist.

Die schnelle Küche ist keine Erfindung unserer »zeitlosen« Gegenwart. Bewährte Anregungen dafür gibt es aus vielen Ländern: chinesische Gemüsepfannen, italienische Spaghettifeste, indische Currys. Aber auch in unserer nächsten Umgebung finden sich altvertraute Leibgerichte, die in Windeseile zubereitet sind. Kultivieren Sie das Feinschmeckersein im täglichen Leben, die Freude am Essen mit den einfachsten Mitteln. Ein Menue auf die Schnelle: Granatapfelkarottensalat, Ziegenkäsetoast mit provençalischer Sauce, frische Beeren in Vanillecreme.

Für jeden Hunger ist ein schnelles Gericht gekocht. Sogar für unsere Kinder, die sämtliche schnellen Gerichte am liebsten durch Fast Food ersetzen würden. Wir wollen ihr Bestes, besonders auch was ihre Ernährung betrifft. Sie empfinden unser bestes Essen oft als Inbegriff eines ungenießbaren Schlangenfraßes, der ihnen nur den Appetit auf die herrlichen Leckerbissen aus Papiertüten und Styroporschachteln verdirbt. Selbstgekocht? – Nein danke! Von Elternseite hilft kein Jammern und kein Klagen, auch nicht die Ermahnung, daß sich jeden Tag satt essen ein Privileg auf dieser Erde ist. Es ist die Realität – die lieben Kleinen stehen auf das Essen aus der Fabrik, vom Fließband, aus der Retorte. Nicht weil es so überragend schmeckt, nein, die Verpackung und das Drumherum ist entscheidend. Es ist cool, gemeinsam Schlange im Fast-Food-Paradies zu stehen, sich Tüten, Schächtelchen, Becher, Strohhalme, Servietten, Ketch-up-Päckchen, Saucendöschen und kleine Werbegeschenke auf das Tablett zu häufen. Es blinkt und blitzt, postmodernes Styling in allen Räumen. Lebensstil, Lebensgefühl kauft man sich mit den pappigen, belegten Brötchen ein. Bat Man nimmt sicher nichts anderes zu sich den ganzen Tag. – Und welche Mutter stellt sich schon am Kindergeburtstag als bunter Clown in die Küche und hat eine Softeismaschine parat, zur Selbstbedienung bis zum Erbrechen. Warum sollten die Kinder standfester sein gegen den schönen Schein als die Erwachsenen – das wäre zuviel verlangt.

Was tun? Weder verzweifeln, noch aufgeben, noch unter Zwang die gesunde Ernährung einführen. Es hilft nur Geduld, gut kochen und appetitlich anrichten. Bleiben Sie zuversichtlich und unverzagt, wenn die Kinder Vergleichsmöglichkeiten haben, werden sich ihre Geschmacksnerven auf die Dauer nicht von schönen Verpackungen und flotten Werbesprüchen täuschen lassen.

Machen Sie sich nicht zu allem Streß noch den Ernährungsstreß, und schaffen Sie zuerst einmal das Schuldgefühl ab, daß Sie für die wirklich und wahrhaftig gesunde Ernährung keine Zeit haben. Ein Vollkornbrot mit Butter und Schnittlauch, dazu Radieschen, Käse oder Quark stehen in 3 Minuten auf dem Tisch. Beschließen Sie nicht, von heute an muß alles anders werden, die Küche wird radikal umgestellt, man ist bekehrt. Die Familie stöhnt, und in 14 Tagen ist alles beim Alten. Es gibt ihn nicht den Instant-Weg zur Erlösung von eingefahrenen Eßgewohnheiten, die Änderung findet langsam statt, mit Freude am Kochen und Genuß beim Essen. Blättern Sie das Buch durch, irgendwann werden Sie plötzlich einen riesigen Appetit verspüren und große Lust bekommen, genau dieses Rezept auszuprobieren.

Viel Spaß beim Lesen, beim Kochen und besonders beim Essen.

ZUR KÜCHENAUSSTATTUNG
oder erkennen Sie, was Sie alles nicht brauchen

Für die schnelle vegetarische Küche brauchen Sie weniger Küchengeräte als Sie wahrscheinlich bereits im Schrank stehen haben. Sie müssen sich nichts Neues anschaffen, sondern nur das schon Vorhandene nach seiner Brauchbarkeit für die schnelle Küche ordnen. Küchenutensil Nr. 1: der Kochtopf. Lieber weniger Kochtöpfe, keine astronomisch-gastronomische Anzahl ungenutzt im Schrank, auch für Kochtöpfe gilt, kaufen Sie Qualität statt Quantität. Bevorzugen Sie Kochtöpfe aus Edelstahl oder hochwertigem Email, mit dikkem Boden und gut schließenden Deckeln. Sie werden jahrelang ihre Kochfreude daran haben. Kochtöpfe mit dickem Boden verteilen die Hitze gleichmäßig und speichern sie. In ihnen können Gemüse mit minimaler Flüssigkeitszugabe bei niedrigen Temperaturen schonend gegart werden. Ideal ist es, wenn Sie 3 Pfannen besitzen: eine kleine, eine mittlere und eine große. Ich bevorzuge Pfannen aus Email oder Gußeisen. Edelstahl, so sehr ich dieses Material für Töpfe schätze, eignet sich nicht für Pfannen, in denen Eiergerichte oder Getreideküchlein gebacken werden, sie kleben leicht an. Damit Pfannen und Töpfe auch einmal in den heißen Backofen gestellt werden können, müssen Griffe und Stiele aus Metall sein. Ein wertvoller Helfer für die zeitsparende Küche ist der Schnellkochtopf. Er macht Hülsenfrüchten, Getreide, Suppen und Kartoffeln Dampf, damit sie rechtzeitig auf dem Tisch stehen. Um Gemüse auf vitaminschonende Weise ohne Druck in einem normalen Kochtopf im Wasserdampf zu garen, brauchen Sie ein Metallsieb oder einen fächerförmigen Dämpfeinsatz aus Edelstahl. Ein Topf, den Sie vielleicht noch nicht in ihrem Bestand haben, dessen Anschaffung sich aber lohnt, ist der chinesische Wok: eine große, hohe Pfanne mit abgerundetem Boden aus Eisen, Edelstahl oder Gußeisen. Der Wok ist ein All-Round-Kochtopf. Ideal, um Gemüse knackig frisch zu braten (S. 94). Sie können in ihm aber genauso gut dünsten, fritieren und dämpfen. Aufgrund des wachsenden Interesses an der chinesischen Küche sind bei uns mittlerweile die verschiedensten Woks auf dem Markt. Einige Tips sollten Sie beachten, damit Sie auch in den ganzen Genuß aller Möglichkeiten dieser großen Allzweck-Pfanne kommen.

Der traditionelle Wok, mit seinem abgerundeten Boden, eignet sich nur zum Kochen auf der offenen Gasflamme. Am häufigsten und am billigsten wird der Wok aus Eisen angeboten. Ein Wok aus Eisen verlangt aber einige Pflege und wird Ihnen nur Freude machen, wenn Sie sehr häufig darin kochen und der Wok sich dadurch mit einer dunklen Schutzschicht überzieht. Der Eisenwok muß vor dem ersten Gebrauch mit heißem Wasser ausgewaschen werden. Der gut abgetrocknete Wok wird mit einem ölgetränkten Küchenkrepp ausgestrichen und erhitzt. Dieser Vorgang wird einige Male wiederholt. Den Wok nach Gebrauch nur mit klarem, heißem Wasser auswaschen und Speisereste nicht mit einem harten Küchenschwamm oder mit einem spitzen Gegenstand abkratzen. Bei hartnäckigerer Verschmutzung den Wok einweichen oder kurz Wasser darin aufkochen, dann lassen sich die Reste mit einem Spüllappen oder einer weichen Bürste leicht entfernen. Den abgetrockneten Wok etwas einölen, damit er nicht rostet. Mit der Zeit wird sich in Ihrem Wok die oben erwähnte schwarze Schicht bilden. Diese dürfen Sie auf keinen Fall entfernen, sie verhindert das Anbrennen des Kochguts und die unangenehme Nebenerscheinung eines Eisenwoks, das dunkle Verfärben der Speisen und den Eisengeschmack im Essen. Ich empfehle Ihnen für einen ungetrübten Wokgenuß die Anschaffung eines Woks aus Edelstahl oder Gußeisen. Mittlerweile wurden auch Woks speziell für den Elektroherd entwikkelt. Bei allen Rezepten, die einen Wok vorschlagen, können Sie an seiner Stelle auch eine große, schwere Pfanne verwenden. Gerichte aus dem Backofen mit kurzen Garzeiten werden in Auflaufformen aus Email oder Metall gebacken. Dieses Material leitet die Hitze schneller als Keramik und Ton. (Die Garzeit in Keramik- oder Tonformen verlängert sich um ein paar Minuten). Die Backzeit wird auch von der Größe der Form bestimmt. Flach ausgebreitete Speisen in großen Formen sind schneller fertig als hoch aufgeschichtete Gerichte in kleinerem Backgeschirr. Statt einer Auflaufform eignet sich auch eine Pfanne für das schnelle Backen. Den Mixer, obwohl sehr nützlich, habe ich für dieses Kochbuch nur für einige Mixgetränke und kalte Suppen in Bewegung gesetzt. Wenn etwas gerührt werden soll, habe ich immer das Handrührgerät verwendet. Zwei Rührbesen und eine separate Rührschüssel sind schneller abgewaschen als ein Mixer, den Sie auch noch auseinander- und wieder zusammenschrauben müssen. Rührschüsseln habe ich zwei in Benutzung. Eine große und eine kleine, hohe für Salatsaucen oder geringere Rührmengen.

Mit Messern müssen Sie nicht ausgerüstet sein, wie ein Messerwerfer für den Gala-Auftritt in Las Vegas. Ein großes Messer, ein kleines Messer, ein Schälmesser und ein großes Wellenschliffmesser genügen. Hauptsache sie sind alle aus gutem Material, und damit sie auch immer gut schneiden, brauchen Sie noch einen Schleifstein. Arbeiten Sie auf einem großen Schneidebrett, es ist lästig, wenn das Gemüse immer vom Brett purzelt.

Noch ein paar kleine, wichtige Geräte: eine stabile Knoblauchpresse aus Metall, eine Gemüsereibe, eine Muskatreibe und eine Pfeffermühle, ein großes Sieb für Salat und Nudeln. Die »Flotte Lotte« ist ein sehr praktisches, preisgünstiges Gerät zum Durchpassieren von Saucen und Säften. Ein engmaschiges Metallsieb erfüllt den gleichen Zweck, nimmt aber etwas mehr Zeit in Anspruch.

Die Anschaffung einer Getreidemühle lohnt sich für die Vollwertküche. Sie können das Getreide aber auch gleich im Naturkostgeschäft oder Reformhaus mahlen lassen. Sollten Sie sich aber für eine eigene Getreidemühle entscheiden, erwerben Sie auf jeden Fall eine elektrische. Sie würden ja auch keine handbetriebene Waschmaschine kaufen, nur weil das so romantisch an vergangene, mühselige Zeiten erinnert.

DER KLEINE VORRAT FÜR DIE SCHNELLE KÜCHE

Einkaufen kostet sehr viel Zeit. Die Freude am Kochen kann vergehen, muß man erst sämtliche Zutaten für ein Rezept einkaufen. Angestrengt von der Arbeit hat kaum jemand noch die Nerven dazu, sich in den allgemeinen Einkaufsrummel nach Feierabend zu stürzen und ausgefallene Zutaten zu suchen. Auch der Gedanke an eine unternehmungslustige Kinderschar allein zu Hause oder die sich türmende Wäsche verhindert den entspannten Bummel über den Markt. Ein Genuß und eine Freude wäre er schon, dieser tägliche Marktspaziergang mit dem großen Korb am Arm, wie er uns von einigen begnadeten Küchenchefs und Meistern in ihrer erhabenen Abgehobenheit von den Erfordernissen des Alltags milde empfohlen wird. Kein Wunder, wenn sie vom Markt zurückkommen, haben die Lehrlinge den Salat geputzt und die Zwiebeln geschnitten. Wenn wir heimkommen steht das Bad unter Wasser und die Kinder spielen Sommerferien am Strand.

Den Anspruch gut zu Essen sollte man aber trotz wenig Zeit zum Einkaufen nicht einfach aufgeben. Mit etwas Planung läßt sich der Einkauf auf ein erträgliches Maß einschränken. Voraussetzung dafür ist eine sinnvolle Vorratshaltung, die Sie in die Lage versetzt, die benötigten Frischprodukte unproblematisch und gezielt einzukaufen. Ein weiterer Vorteil dieses Eichhörnchenverhaltens: »Ein paar Nüßchen gut versteckt, hat noch keinen Gast erschreckt!« Ausgewählte Vorräte ermöglichen manchmal spontane Festessen. Es ist hier jetzt nicht die Rede von gut gefüllten Vorratskammern und Kellern, wie sie unsere Großmütter mit viel Arbeit im Herbst anlegten. Illusorisch die Vorstellung, daß ich mich tagelang in die Küche stelle und Gurken einmache, Marmelade koche, Früchte trockne, Sauerkraut einstampfe oder wie ein kleiner Maulwurf Gemüse im Keller unter Sand vergrabe. Dazu habe ich keine Zeit, keinen Platz und keine Lust. Einer dieser Gründe trifft wahrscheinlich auf die meisten Menschen zu, die einen modernen Haushalt führen.

Den kleinen Vorrat für die schnelle vegetarische Küche gilt es zu organisieren. Als Grundstock die substanziellen Lebensmittel Getreide und Hülsenfrüchte: Naturreis, Vollkornnudeln, Vollkorngrieß, Weizen, Roggen, Gerste, Grünkern, Hirse, Linsen und Bohnen. Von jedem reicht schon ein Kilo, gut verschlossen in Gläsern. Eine kleine Menge der verschiedensten Nüsse und Samen macht ihren täglichen Speiseplan knackiger: Haselnüsse, Mandeln, Walnüsse, Pinienkerne, ungesüßte Kokosflokken, ungeschälte Sesamkörner sowie Samen für die Sprossenzucht, z. B. Kresse, Alfalfa (Blaue Luzerne), Radieschen und grüne Sojabohnen (Mungobohnen). Mit Honig, braunem Demerara-Zukker, Succanat und getrockneten Früchten (Aprikosen, Datteln, Rosinen) versüßen Sie sich den Alltag. Für Saucen und Desserts brauchen Sie Speisestärke, Weißwein oder Sherry und Rum oder Brandy. Verschiedene Öl- und Essigsorten sorgen für Abwechslung. Konservierte Tomaten (geschält in Dosen, püriert im Tetra-Pack und Tomatenmark) sind stets bereit für ein schnelles Spaghettigericht.

Herzstück Ihrer Vorratshaltung sollte jedoch die Abteilung Gewürze und Würzmittel sein. Von Gewürzen werden Sie zwar nicht satt, aber ohne eine Vielfalt an Gewürzen erleben Sie nur ein begrenztes Spektrum an Eßgenüssen. Einige Würzmittel werden Sie vielleicht etwas exotisch anmuten, aber die vegetarische Küche (und nicht nur sie) lebt vom wohldosierten, geschickt kombinierten Einsatz der Gewürze. Sie machen aus hungerstillenden Gerichten raffinierte Eßerlebnisse. Langfristig macht die gesunde, vollwertige Ernährung nur dann Spaß und Appetit, wenn sie besser schmeckt, und dazu brauchen Sie ein buntes Sortiment an Würzstoffen. Wichtiger Baustein der Geschmackspalette sind die ostasiatischen Würz- und Lebensmittel Sojasauce und Miso (S. 56), unersetzlich für die chinesische Küche und das Kochen mit Tofu. Sojasauce und Miso sind auch ungekühlt lange haltbar. Würzige Hefeflocken bereichern Salate und Brotaufstriche mit Vitamin B. Instant-Gemüsebrühe (ohne Glutamat) sollte nie ausgehen, ein schnelles Süppchen ist oft sehr tröstlich! Essiggurken, Kapern, grüner Pfeffer, Dijon-Senf bleiben im Kühlschrank lange frisch. Gewürze und getrocknete Kräuter werden nur in kleinen Mengen verwendet. Viele Gewürze in kleinen, lichtundurchlässigen Gläsern nehmen wenig Platz weg. Gut verschlossen hält sich ihr Aroma lange Zeit. Angenehmer Nebeneffekt von Gewürzen und getrockneten Kräutern: sie fördern die Verdauung und regen den Stoffwechsel an. Pfefferkörner, Lorbeer, Nelken, Paprika edelsüß und scharf, Muskatnuß, Muskatblüte, Currymischung, Zimt, Cumin (Kreuzkümmel), Koriander, Curcuma (Gelbwurz), Safran, Piment, Kardamom, Chili, Kümmel, Vanillestangen, Wacholderbeeren, Liebstöckel, Thymian, Basilikum und Oregano. Damit würzen Sie abwechslungsreich für die verwöhntesten Esser.

Diese Aufstellung des kleinen Vorrats für die schnelle Küche mag Ihnen sehr umfangreich vorkommen. Alles, inklusive der Gewürze und einem Tee- und Kaffeesortiment hat aber in zwei Küchenhängeschränken (80 cm breit, 70 cm hoch und 30 cm tief) Platz. Mit diesen haltbaren Produkten sind Sie für sämtliche Rezepte dieses Buches ausgerüstet und müssen nur noch Obst, Gemüse, frische Kräuter, Milchprodukte, Tofu und Brot dazu kaufen. Wo gibt es diese Vorräte zu kaufen? Immer mehr Menschen wollen sich möglichst gesund ernähren. Diese ständig steigende Nachfrage nach naturbelassenen Nahrungsmitteln hat den Lebensmittelmarkt nachhaltig beeinflußt und die Einkaufsmöglichkeiten für bewußte Konsumenten vergrößert. Zum einen vermehrte sich die Anzahl der Naturkostgeschäfte, zum anderen gibt es neben den traditionellen Anbietern Reformhaus und Naturkostgeschäft jetzt auch in so manchem Supermarkt Getreide, Hülsenfrüchte und Sojaprodukte aus biologischem Anbau, ungeschwefelte Trockenfrüchte, Nüsse, kaltgepreßtes Öl, natürliche Süßstoffe, Hefeflocken und Gemüsebrühe (ohne Glutamat) zu kaufen. Die oben erwähnten Gewürze sind zum größten Teil ebenfalls im Supermarkt oder Lebensmitteleinzelhandel erhältlich. Cumin (Kreuzkümmel), Curcuma (Gelbwurz) und Kardamom finden Sie in türkischen und asiatischen Lebensmittelgeschäften oder in speziellen Kräuter- und Gewürzläden sowie in Reformhäusern.

SPROSSEN

Ihre private Sprossenzucht können Sie mit einem minimalen Aufwand an Zeit und Arbeit zu Hause starten – ein sehr lohnendes Unternehmen. Die grünen Winzlinge enthalten Vitamine und Proteine in hoher Konzentration und bringen neues Leben in viele Gerichte. Für zusätzliche Würze im Salat eignen sich am besten Alfalfa- (Blaue Luzerne), Kresse-, Radieschen- und Senfsprossen. Sie werden roh genossen. Die Alfalfasprossen mit ihrem milden Geschmack sind am vielseitigsten verwendbar. Es gibt kaum eine Salatkombination, mit der sie nicht harmonieren. Aus grünen Sojabohnen oder Mungobohnen keimen die Sprossen mit der ältesten Tradition. Mungosprossen werden in China seit 3000 Jahren gegessen, in Gemüsegerichten, Suppen und Salaten. Sie werden jedoch nicht roh verzehrt, sondern immer kurz gebraten oder gekocht. Zum Keimen eignen sich auch Weizen, Roggen, Gerste, Linsen, Kichererbsen und Sesam. Grund genug fürs Experimentieren: Begeben Sie sich auf die Suche nach Ihrer Lieblingssprosse! Die Sprossenzucht kann in Keimgeräten aus Plastik oder Ton stattfinden. Meiner Erfahrung nach funktioniert die Produktion von Sprossen aber auch ausgezeichnet noch einfacher und billiger: Sie brauchen dazu nur ein großes Einmachglas und ein engmaschiges Sieb. Diese Keimmethode bewährte sich sogar im großen Rahmen (Eimer und Sieb) für den Sprossenbedarf eines Restaurants.

Weichen Sie die Samen zuerst in kaltem Wasser, je nach Größe 6 bis 8 Stunden ein. Die aufgequollenen Samen im Sieb gut abtropfen lassen, dann in ein Glas geben. Das Glas zwei- bis dreimal täglich mit kaltem Wasser auffüllen. Vorteil dieser Methode: Wenn Sie die Sprossen einen Moment stehenlassen, sinken die meisten Sprossen auf den Boden des Glases und auf der Wasseroberfläche schwimmen leere Samenhülsen. Entfernen Sie soviel wie möglich von diesen (alle können Sie nicht entfernen, da leere Hülsen vermischt mit Sprossen an der Wasseroberfläche schwimmen). Das Wasser mit den Sprossen anschließend langsam ins Sieb gießen, auf diese Weise sammeln sich leere Samenhülsen am Boden des Glases, auch diese entfernen. Die Sprossen im Sieb gut abtropfen lassen und ins ausgespülte, abgetrocknete Glas zurückgeben. Wichtigster Punkt beim Keimen: Die Sprossen müssen immer feucht gehalten werden, dürfen aber nicht im Wasser sitzen, sonst fangen sie an zu schimmeln und werden schleimig. Keimen Sie immer nur 2 bis 3 Eßlöffel Samen.

Sorte	Einweichzeit (Std.)	Spülvorgänge pro Tag	Keimdauer (Tage)	Länge des Keimes	beste Methode	Geschmack	Besonder-heiten
Gerste	8–12	2	3–5	Kornlänge	alle Geräte	süßlich	spelzenfreie Sorten verwenden
Hafer	ca. 4	1	3–5	Kornlänge	alle Geräte	süßlich	spelzenfreie Sorten verwenden
Hirse	8–12	2	2–4	Kornlänge	alle Geräte	neutral	lieben höhere Temperaturen
Reis	8–12	2	2–4	Kornlänge	alle Geräte	neutral	lieben höhere Temperaturen
Roggen	8–12	2	2–3	Kornlänge	alle Geräte	würzig nussig	
Weizen	8–12	2	2–3	Kornlänge	alle Geräte	süßlich	
Adzuki-bohnen	ca. 12	2–3	4–5	1–1,5 cm	Glas oder Keimbox	knackig, nussig	
Erbsen	ca. 12	3–4	2–3	maximal 1 cm	Glas oder Keimbox	ähnlich wie frische Erbsen	mindestens 5 Min. dünsten
Kicher-erbsen	ca. 12	3–4	2–3	maximal 1 cm	Glas oder Keimbox	ähnlich wie frische Erbsen	mindestens 5 Min. dünsten
Linsen	6–12	2–3	3–4	2 cm	Glas oder Keimbox	leicht süß nicht nussig	
Mungo-bohnen	ca. 12	2–3	3–4	2–4 cm	Glas oder Keimbox	knackig, frisch	
gelbe Sojabohnen	ca. 12	3–4	3–4	ca. 1,5 cm	Glas oder Keimbox	ähnlich Erbsen	mindestens 5 Min. dünsten
Alfalfa	0–4	1	5–7	mehrere cm mit 2 grünen Blättchen	Keimapparat	knackig, frisch	sparsam dosieren
Kresse	0–4	1	5–6	mehrere cm mit 2 grünen Blättchen	Papier/Watte	pikant, herb	schleimbildend
Rettich	0–4	1	ca. 2 oder 5–6	ca. 2 mm bzw. mehrere cm	Keimapparat	scharf	Faserwurzeln
Senf	0–4	1	ca. 2 oder 5–6	ca. 2 mm bzw. mehrere cm	Keimapparat	pikant	leicht schleim-bildend

Aus frischen Gemüsen der Saison entstehen in minutenschnelle nicht nur pfiffige Salate, sondern beispielsweise auch köstliche gefüllte Tomaten, Spinat-Knoblauchsuppe und viele andere Gemüsegerichte. Wie? Das erfahren Sie in den folgenden Kapiteln.

GRUNDREZEPTE

Getreide und Gemüsegerichte gehören zusammen, ergänzen sich geschmacklich und in ihrem Nährwert. Verwenden Sie nur Getreide aus biologischem Anbau. Erstens ist das ihrer eigenen Gesundheit zuträglich, zweitens schonen Sie damit unsere Umwelt.

Als Beilage für die schnelle Küche eignen sich besonders Hirse, Naturreis und Polenta (Maisgrieß). Diese Getreide können ohne vorheriges Einweichen gekocht werden. Getreide hat im Vergleich zu den schnellen Gerichten, die uns den Alltag erleichtern sollen, relativ lange Garzeiten. Nur Hirse können Sie in dieser Zeit im normalen Kochtopf kochen. Kein Grund zur Resignation! Im Schnellkochtopf sind auch Naturreis und Polenta rechtzeitig fertig. Die Zubereitung im Schnellkochtopf hat so große Vorteile, daß ich Ihnen empfehle, auch Hirse darin zuzubereiten. Nichts kann überkochen oder anbrennen. Reis und Hirse werden körnig und locker. Polenta gelingt ohne ständiges Rühren. Kurzum, Sie können sich ungestört der Zubereitung des Hauptgerichts widmen. Auch Kartoffeln sind eine sehr rationelle Beilage. Servieren Sie Pellkartoffeln – Sie schonen die Vitamine und sparen sich das Schälen.

Getreide abmessen
Als Maßeinheit für Getreide sind ml (Milliliter) angegeben. Das geht schneller als abwiegen, da Sie den Meßbecher auch für die Kochflüssigkeit brauchen.

GEWÜRZTE HIRSE

Für 4 Personen

250 ml Hirse
375 ml kräftige Gemüsebrühe
1 Lorbeerblatt
½ TL Liebstöckel
½ TL Basilikum
1 gute Prise geriebene Muskatnuß
1 Nelke
1 kleine Zwiebel, Achtel
3 Knoblauchzehen

Hirse mit Gemüsebrühe und den restlichen Zutaten in den ungelochten Einsatz des Schnellkochtopfs geben und unter Druck 15 Minuten kochen. Die fertige Hirse mit einer Gabel auflockern und umrühren. So bleibt die Hirse besonders locker und die Gewürze, die sich während des Garvorgangs an der Oberfläche abgesetzt haben, werden gut verteilt.

POLENTA

Für 4 Personen

250 ml Polenta (Maisgrieß)
1 gute Prise Salz
375 ml Wasser
1 EL Butter

Polenta mit Salz und Wasser in den ungelochten Einsatz des Schnellkochtopfs geben und 20 Minuten unter Druck kochen. Die Butter mit der Gabel unter die fertig gekochte Polenta rühren.
Anstelle von Salzwasser können Sie die Polenta auch mit Gemüsebrühe kochen.

POLENTA MIT PARMESAN

Für 4 Personen

1 Rezept Polenta
50 g Parmesan, frisch gerieben

Parmesan unter die fertige Polenta rühren.
Sehr gut schmeckt es auch, wenn Sie noch 2 Eßlöffel frische Kräuter unterrühren.

GOMASIO

(SESAMSALZ)

Gomasio ist ein schnell zubereitetes Allzweckgewürz für Suppen, Salate, Gemüsegerichte und Brotaufstriche. Stellen Sie Gomasio statt Salz zum Nachwürzen der Speisen auf den Tisch. Der Vorteil: Ein feines Aroma von gerösteten Nüssen und ein geringer Salzgehalt.

200 g ungeschälte Sesamkörner
50 g Meersalz

Sesam und Salz werden getrennt angeröstet: Sesam in einer trockenen Pfanne unter Rühren anrösten, bis die Sesamkörner anfangen hochzuspringen. Vom Feuer nehmen und in eine Schüssel geben. (Achtung: Brennt leicht an!). Salz unter Rühren in einer Pfanne kurz anrösten. Sesamkörner und Salz im Mixer kurz grob mahlen, bis etwa zwei Drittel der Sesamkörner zerkleinert sind. Das Gomasio in einem geschlossenen Behälter aufbewahren.
Gomasio können Sie auch fertig zubereitet in Naturkostläden oder Reformhäusern kaufen.

NATURREIS

Für 4 Personen

250 ml Naturreis
Salz
375 ml Wasser

Reis mit Salz und Wasser in den ungelochten Einsatz des Schnellkochtopfs geben und unter Druck 20 Minuten kochen.
Anstelle von Salzwasser können Sie auch Gemüsebrühe verwenden.

INDISCHER REIS

Für 4 Personen

375 ml Gemüsebrühe
1 Nelke
1 Prise geriebene Muskatnuß
1 Prise Zimt
1 Prise Kardamom
¼ TL Cumin
¼ TL Koriander
½ TL Curcuma (Gelbwurz)
250 ml Naturreis
1 EL Butter
1 EL Rosinen
1 EL Mandelsplitter

Gemüsebrühe mit den Gewürzen vermischen. Mit dem Reis in den ungelochten Einsatz des Schnellkochtopfs geben und 20 Minuten unter Druck kochen. Butter, Rosinen und Mandelsplitter zugeben.

KOKOSREIS

Für 4 Personen

Eine aromareiche Beilage zu indischen Currygerichten. Machen Sie die eßbare Erfahrung: Kokosnuß schmeckt nicht nur in Süßspeisen!

450 ml Wasser
100 g ungesüßte Kokosflocken
1 TL Instant Gemüsebrühe
1 TL Curcuma (Gelbwurz)
1 Nelke
1 Prise gemahlene Muskatnuß
1 Prise abgeriebene Schale von einer ungespritzten Zitrone
250 ml Naturreis
½ EL Petersilie oder frischer Koriander, fein gehackt

Wasser mit den Kokosflocken zum Kochen bringen, durch ein Sieb abgießen, die Kokosmilch auffangen und die Kokosflocken mit dem Rührlöffel etwas auspressen. Im Meßbecher 375 ml Kokosmilch abmessen, eventuell mit Wasser auf 375 ml auffüllen. Die Instant Gemüsebrühe und die Gewürze mit der Kokosmilch verrühren. Naturreis, Kokosmilch und Gewürze in den ungelochten Einsatz des Schnellkochtopfs geben. Den Reis unter Druck 20 Minuten kochen. Den fertig gekochten Reis mit der Gabel etwas auflockern und mit Petersilie garniert servieren.
Kokosreis schmeckt zum Blumenkohlcurry (S. 106) oder zum Lauch-Zucchini-Curry (S. 66).

MILCHREIS

Für 4 Personen

Wenn Ihnen Milchreis bis jetzt eine zu weiche Angelegenheit war, kochen Sie ihn einmal mit Naturreis. Körnig, locker, lecker!
Ein süßes Hauptgericht.

250 ml Naturreis
375 ml Milch
125 ml Wasser
1 EL brauner Zucker (Demerara)

Reis, Milch, Wasser und Zucker in den ungelochten Einsatz des Schnellkochtopfs geben. Den Reis 20 Minuten unter Druck kochen.
Bestreuen Sie den Milchreis ganz klassisch mit Zimtzucker und reichen Sie ihn zu Kompott oder frischen Beeren. Wenn sie es besonders üppig lieben, rühren Sie noch etwas Butter unter oder übergießen Sie den Reis mit Sahne. Sehr gut schmeckt es auch, wenn Sie echtes Vanillemark und etwas abgeriebene Schale von einer ungespritzten Zitrone untermischen und zum Milchreis Heidelbeersauce (S. 125) reichen.

REIS NACH ART DER PRINZESSIN

Für 4 Personen

Ein ideales Rezept um übriggebliebenen Milchreis in ein schmackhaftes Dessert zu verwandeln.

150 ml Sahne
1 EL brauner Zucker (Demerara)
2 Vanilleschoten
1 gute Prise abgeriebene Schale von einer ungespritzten Zitrone
350 g kalter Milchreis (½ Rezept Milchreis)
500 g Beeren
1 EL Mandelsplitter

Sahne mit dem Handrührgerät etwas anschlagen, Zucker unterrühren und die Sahne steif schlagen. Die Vanilleschoten mit einem scharfen Messer der Länge nach aufschneiden und das Mark mit einem kleinen Löffel herauskratzen. Vanillemark und abgeriebene Zitronenschale mit der geschlagenen Sahne vermischen. Den kalten Milchreis unterheben.
Beeren in Portionsschüsseln verteilen, den Sahnereis darübergeben und mit Mandelsplittern garnieren.

Getreide aufwärmen
Übrige Hirse und Reis bleiben locker und körnig, wenn Sie zugedeckt in einem Sieb über kochendem Wasser wieder aufgewärmt werden. Das Sieb darf das Wasser aber nicht berühren.

IN 5 BIS 15 MINUTEN KALT ZUBEREITET

GEFÜLLTE HÄPPCHEN

Kleine Köstlichkeiten

Rote Paprikaschiffchen beladen mit grasgrüner, zitronenwürziger Avocadocreme, saftige Pfirsiche gekrönt von einem rosaroten Häubchen aus Beeren, Nüssen und Meerrettich-Sahne, Champignons mit kräuterwürziger Walnuß-Ricotta-Füllung. Servieren Sie diese gefüllten Happen und Häppchen als raffinierten Imbiß, leichte Vorspeise, als dekorativen Mittelpunkt eines kalten Buffets. Bestreiten Sie ein ganzes Abendessen mit den verschiedensten mundwässernden Appetitanregern oder Magentratzerln, wie man in Bayern dazu sagt. Aus der kalten Küche kommt für jede Gelegenheit ein Leckerbissen, schnell und einfach zubereitet.

Damit auch alles so gut schmeckt wie geplant, müssen zuerst einmal die Zutaten stimmen. Erfolgreiches Kochen fängt beim Einkaufen an.

Zuerst einmal zum Käse, dem Eckpfeiler der kalten Küche! Mit seiner Qualität steht und fällt ein Gericht. Kaufen Sie keine in Plastikfolie eingeschweißten Stücke, die in Kühltheken jammervoll dem Ende ihres Verfalldatums entgegenvegetieren. Lassen Sie sich ein frisches Stück vom großen Käselaib abschneiden. Fragen Sie ruhig nach einer kleinen Probe – wer möchte die einem Feinschmecker auf der Suche nach dem Guten verwehren! Ausgezeichnete, naturgereifte Käsesorten gibt es in Naturkostläden, das Sortiment ist zwar beschränkter, aber hier schlägt die Qualität die Quantität.

Lassen Sie auch beim Gemüse die Finger vom Eingeschweißten, ein gutes Gemüse- und Obstgeschäft ist bestimmt in Ihrer Nähe. Verlangen Sie nicht alles zu jeder Jahreszeit. Je saisongebundener Sie kaufen, um so größer ist die Chance, daß eine Tomate auch nach Tomate schmeckt. Es gibt immer mehr Wochenmärkte, auch in kleineren Städten, auf denen Bauern und Gärtner Gemüse und Obst aus biologischem Anbau anbieten – eine Gelegenheit sich mit erntefrischen, schmackhaften Zutaten einzudekken.

Die kalte Küche kann auf den konzentrierten Geschmack, der in den gehaltvollen Nüssen und Samen steckt, nicht verzichten. Haselnüsse, Walnüsse, Pinienkerne, Sesamsamen, Mandeln, Sonnenblumenkerne und einige exotische mehr ermöglichen im Verbund mit Käse und frischen Kräutern Höhepunkte der Kochkunst. Bestes Beispiel, der italienische »Pesto alla genovese«, eine cremige, kalte Sauce mit Pinienkernen, Parmesan und Basilikum.

Frische Kräuter sind Schätze des Wohlgeschmacks und der Bekömmlichkeit, grüne Seele kalter Gerichte – für jedes ist ein Kraut gewachsen. Auf den zentralen Märkten der Großstädte können Sie das ganze Jahr über eine reiche Auswahl an Kräutern kaufen. Seit sich durch veränderte Eßgewohnheiten die Nachfrage der Konsumenten geändert hat, finden Sie frische Kräuter wie Basilikum, Minze oder Estragon auch oft im Gemüsegeschäft um die Ecke. Am besten schmecken Kräuter jedoch frisch geerntet. Wenn Sie keinen Garten haben, gedeihen Kräuter in Töpfen auf dem Balkon und auf einem sonnigen Fensterbrett. Am einfachsten ist es, Sie kaufen im Frühjahr in einer Gärtnerei oder im Gartenfachhandel einige Töpfe mit jungen Kräuterpflanzen, dann dauert es nicht mehr lange, und Sie würzen aus eigener Zucht.

Ein Gericht kann nur so gut sein, wie die Rohstoffe, aus denen es zubereitet wird. Die größte Kochkunst ist zum Scheitern verurteilt, muß sie sich mit faden, wäßrigen Lebensmitteln begnügen, deren Eigengeschmack den Erfordernissen der überstürzten Massenproduktion und der langen Haltbarkeit zum Opfer gefallen ist. Verwenden Sie hochwertige Zutaten: würzigen, ausgereiften Käse und cremige Milchprodukte, saisongemäßes Obst und Gemüse, knackige Nüsse, frische Kräuter und duftende Gewürze. Mit diesen aromatischen Rohprodukten hat die Natur Ihnen den größten Teil der Arbeit für die kalte Küche schon abgenommen. Ihre Aufgabe ist es nur noch, die Zutaten in das richtige Verhältnis zueinander zu bringen, damit sie ihren ureigenen Geschmack auf das vortrefflichste entfalten können.

Mengenangaben
Sämtliche Rezepte in diesem Abschnitt sind als Imbiß für 2 Personen oder als Vorspeise für 4 Personen berechnet.

CHAMPIGNONS MIT WALNUSS-RICOTTA-FÜLLUNG

100 g Ricotta Salata
(fester Ricotta)
8 große Champignons
1 kleine Tomate, kleine Würfel
30 g Walnüsse, grob gehackt
2 EL Petersilie, fein gehackt
1 Knoblauchzehe, gepreßt
1 EL Olivenöl
Pfeffer, frisch gemahlen
Salz

Ricotta fein reiben. Die Stiele der Champignons ausbrechen und fein hacken. Ricotta, gehackte Champignonstiele, Tomatenwürfel, Walnüsse, Petersilie, Knoblauchzehe und Olivenöl gut vermischen, mit Pfeffer und Salz abschmecken. Die Pilze mit der Masse füllen.
Wenn Sie die Pilze im voraus zubereiten, sollten Sie Füllung und Pilze getrennt im Kühlschrank aufbewahren und die Pilze vor dem Füllen kurz in Zitronenwasser tauchen, sie werden dann wieder schön weiß.

GEFÜLLTE TOMATE »BELLA ITALIA«

Italiens Lieblingszutaten traut vereint in einer kleinen Tomate.

50 g Pinienkerne, grob gehackt
60 g Parmesan, frisch gerieben
1 kleines Bund Basilikum, fein gehackt
2 Knoblauchzehen, gepreßt
1½ EL Olivenöl
Salz
schwarzer Pfeffer, frisch gemahlen
4 mittelgroße Tomaten
8 Blättchen Basilikum
1 TL Pinienkerne

Pinienkerne, Parmesan, Basilikum, Knoblauch und Olivenöl gut vermischen, mit Salz und Pfeffer abschmecken. Die Tomaten halbieren und aushöhlen. Dann mit der Nuß-Kräuter-Masse füllen und mit Basilikumblättchen und Pinienkernen garnieren.

PAPRIKA MIT OLIVEN-ZIEGEN-KÄSECREME

Dieses Rezept gelingt am besten, wenn Sie schmale, längliche Paprikaschoten verwenden.

100 g weicher Ziegenkäse (Konsistenz von Camembert)
100 g Ziegenfrischkäse
1 Knoblauchzehe, gepreßt
5 schwarze Oliven, fein gehackt
1 EL frisches Basilikum, fein gehackt
1 EL Frühlingszwiebeln, feine Ringe
1 Prise Oregano
1 Prise Thymian
schwarzer Pfeffer, frisch gemahlen
1 rote Paprikaschote
1 gelbe Paprikaschote

Den Ziegenkäse mit einer Gabel zu einer cremigen Masse zerdrücken. Mit Frischkäse, Knoblauch, Oliven, Basilikum, Frühlingszwiebeln, Oregano, Thymian und Pfeffer vermischen. Am Stielende der Paprikaschoten jeweils einen Deckel abschneiden, die Kerne entfernen, die Käsemasse in die Paprikaschoten füllen und gut andrücken, damit die Schoten gleichmäßig gefüllt sind. Dann mit einem scharfen Messer in Ringe schneiden.
Wenn Sie die Paprikaschoten im voraus zubereiten, erst kurz vor dem Servieren aufschneiden.

CHICORÉE GEFÜLLT MIT HÜTTENKÄSE UND MANDARINEN

200 g Hüttenkäse
2 EL Mandelblättchen
½ EL Zitronensaft
1 EL Petersilie, fein gehackt
Salz
1 großer Chicorée, einzelne Blätter
2 Mandarinen, Spalten

Hüttenkäse, Mandelblättchen, Zitronensaft und Petersilie vermischen, mit Salz abschmecken. Die Chicoréeblättchen auf einer Platte anrichten, in jedes Blatt einen kleinen Löffel Füllung geben und mit Mandarinenspalten garnieren.

AVOCADOCREME MIT ROTEN PAPRIKASCHOTEN

Avocados sind beim Einkauf meist steinhart. Lassen Sie die Frucht einige Tage liegen (nicht im Kühlschrank), bis sie weich ist. Denn: Mit einer harten Avocado können Sie dieses Rezept nicht zubereiten.

1 weiche Avocado
100 g Frischkäse
1 Bund Schnittlauch, fein geschnitten
1 Knoblauchzehe, gepreßt
1 TL Zitronensaft
Salz
Pfeffer, frisch gemahlen
2 rote Paprikaschoten, geviertelt

Avocado halbieren, den Kern entfernen und das weiche Fruchtfleisch mit einem Löffel herauskratzen. Das Avocadofleisch mit einer Gabel zu einer cremigen Masse zerdrücken und mit Frischkäse, Schnittlauch, Knoblauch und Zitronensaft glattrühren. Die Creme mit Salz und Pfeffer abschmecken und in die Paprikaviertel füllen.
Die Avocadocreme eignet sich nicht für ein kaltes Buffet – wenn sie einige Zeit steht, wird sie braun.

GRUYÈRECREME AUF BIRNENSCHEIBEN

100 g Gruyère, fein gerieben
100 g Frischkäse
1 gute Prise Chili oder ½ TL frische Peperoni, fein gehackt
1 EL Frühlingszwiebeln, feine Ringe
1 EL Essiggurken, fein gehackt
2 saftige Birnen, dünne Scheiben

Gruyère und Frischkäse gut vermischen. Chili oder Peperoni, Frühlingszwiebeln und Essiggurken in die Käsemasse rühren. Die Birnenscheiben ringförmig anordnen und die Käsecreme in die Mitte geben.
Für ein kaltes Buffet tauchen Sie die Birnenscheiben in Zitronenwasser, damit sie nicht braun werden.

GEFÜLLTE GURKE »SANTORINI«

Am besten eignen sich die etwas dickeren Gärtnergurken.

200 g Schafskäse (Feta)
2 EL Joghurt
½ Bund Dill, fein gehackt
½ Bund Petersilie, fein gehackt
schwarzer Pfeffer, frisch gemahlen
1 mittelgroße Gurke

Schafskäse mit einer Gabel zerdrücken, mit Joghurt, Kräutern und Pfeffer zu einer cremigen Masse verrühren. Gurke schälen, der Länge nach halbieren und mit einem Löffel die Kerne herauskratzen. Eine Hälfte der Gurke mit der Schafskäse-Masse füllen, die andere Gurkenhälfte obenauf setzen und gut festdrücken. Die Gurke mit einem scharfen Messer in 2 cm dicke Scheiben schneiden.
Wenn Sie die Schafskäse-Creme bei einem kalten Büffet servieren wollen, sollten Sie sie in Paprikaschoten füllen, denn die Gurkenringe ziehen bei längerem Stehen Wasser.

PREISELBEER-MEERRETTICHCREME MIT PFIRSICH ODER APFEL

Ein Rezept für zwei Jahreszeiten. Ich konnte mich nicht entscheiden wie's besser schmeckt, darum zwei Versionen einer erfrischenden Vorspeise.

100 g Quark
3 EL Sahne
3 EL Haselnüsse, grob gehackt
3 EL Preiselbeerkompott
¾ EL Meerrettich, frisch gerieben
3 Pfirsiche, halbiert, entsteint oder 2 saure Äpfel, dünne Scheiben

Alle Zutaten für die Creme gut vermischen, die Pfirsichhälften damit füllen, oder auf einem Teller die Apfelscheiben ringförmig anordnen und die Creme in die Mitte geben.
Für ein kaltes Buffet beträufeln Sie die Apfelscheiben sofort nach dem Schneiden mit Zitronensaft, damit sie nicht braun werden.

APFEL-WALNUSS-SALAT MIT STANGENSELLERIE

Stangensellerie ist ein knackiges, saftiges Gemüse, geradezu gewachsen, um roh gegessen zu werden.

3 EL saure Sahne
2 EL Joghurt
1 paar Tropfen Tabasco oder 1 Prise Chili
1 saurer Apfel, kleine Stücke
40 g Walnüsse, grob gehackt
1 EL Petersilie, fein gehackt
Salz
4 Stiele Stangensellerie, schmale, 5 cm lange Stücke

Saure Sahne, Joghurt und Tabasco oder Chili gut verrühren. Apfel, Walnüsse und Petersilie mit der Sauce vermischen. Den Salat mit Salz abschmecken, in die Mitte eines großen Tellers geben und die Selleriestücke rundherum arrangieren.

BROTAUFSTRICHE
Vielleicht mit Musik

Vor meinem Umzug nach Wien stellte ich mir ein Heurigen-Lokal als eine Einrichtung zur Alkoholisierung von Touristen bei Schrammelmusik vor. Glücklicherweise wurde ich bald eines Besseren belehrt, und diese angenehme Erfahrung inspirierte mich zu einigen Rezepten.

Ein Heurigen-Lokal abseits vom Touristenrummel, sei's in den Randbezirken von Wien oder schon etwas außerhalb in den kleinen Weindörfern, ist die charmanteste Stätte, um sich in der Öffentlichkeit entspannt aufzuhalten. Die Entspannung rührt nicht vom übermäßigen Alkoholgenuß her, auch bei Mineralwasser und Traubensaft kommt man in den erholsamen Genuß dieser schattigen Wirtsgärten. Rosen blühen, in den Bäumen wachsen die Walnüsse, Trauben ranken sich über den Tischen, die Sonne blinzelt zwischen den Zweigen, ein ruhiges Wohlbefinden stellt sich ein, die Muse der Unterhaltung nimmt Platz am grüngestrichenen Gartentisch auf einem wackligen Klappstuhl.

Zum Wein gehört ein gutes Essen, das holt man sich selbst vom traditionellen Heurigen-Buffet.
Neben warmen Speisen und einer üppigen Auswahl an Salaten, sind die Brotaufstriche ganz typisch für die Wiener Heurigen-Eßkultur. Eine Jause kann aus einem ganzen Teller mit den verschiedensten Brotaufstrichen bestehen. Dazu Essiggurken, scharfe Peperoni, mit Kraut gefüllte, eingelegte Paprikaschoten, harte Eier und ein ordentliches Stück Brot, ein Salzstangerl oder ein Schusterlaiberl. Zufrieden satt wird man auf jeden Fall, und dazu gehört noch ein Achtel Wein. Später, wenn's dunkel und angenehm frisch geworden ist und die Sterne günstig stehen, wird vielleicht wirklich ein Heurigen-Lied gesungen, fürs eigene Herz, und der Mond scheint, Sichel oder Scheibe, beides hat seinen Reiz.

Mengenangaben
Sämtliche Rezepte in diesem Abschnitt sind als Imbiß für 2 Personen oder als Vorspeise für 4 Personen berechnet.

ZIEGENKÄSECREME MIT KRÄUTERN

Reife Tomaten und ein knuspriges Vollkornbrot dazu – ein vorzügliches Abendessen

200 g weicher Ziegenkäse (Konsistenz von Camembert)
1½ EL frisches Basilikum, fein gehackt
10 Blatt frische Minze, fein gehackt
1 Knoblauchzehe, gepreßt
schwarzer Pfeffer, frisch gemahlen

Käse mit einer Gabel zu einer Creme zerdrücken (eventuell harte Rinde vorher entfernen). Dann mit den übrigen Zutaten vermischen.

CAMEMBERTCREME MIT GRÜNEM PFEFFER

100 g reifer Camembert
100 g Quark
2 TL grüner Pfeffer

Käserinde entfernen, Käse mit einer Gabel zerdrücken und mit dem Quark zu einer Creme verrühren. Grünen Pfeffer untermischen.
Lassen Sie den grünen Pfeffer weg, und Sie haben einen Brotaufstrich, der Kindern gut schmeckt.
Die Creme schmeckt auch lecker mit frischen Kräutern.

SCHWÄBISCHES VESPER

80 g weicher Romadur oder Münsterkäse
150 g weiche Butter
1 Bund Schnittlauch, fein geschnitten

Käserinde mit einem Messer abkratzen und auf einem flachen Teller alle Zutaten mit einer Gabel vermischen.

BAYERISCHER OBATZTER

150 g reifer Camembert
50 g weiche Butter
1 kleine Zwiebel, fein gehackt
1½ TL Paprika, edelsüß
schwarzer Pfeffer, frisch gemahlen

Camembert mit einer Gabel zerdrücken. Dann mit der Butter und den restlichen Zutaten gut vermischen.

SESAMQUARK-CREME

Servieren Sie zu diesem Brotaufstrich Oliven, eingelegte Peperoni, aufgeschnittene Tomaten, Paprika, Gurken und Frühlingszwiebeln, und schon haben Sie einen arabischen Vorspeisenteller. Reichen Sie ihn als Einstimmung auf den arabischen Gemüsetopf (S. 104).

200 g Quark
2 EL Joghurt
2 EL Sesammus (Tahini)
2 Knoblauchzehen, gepreßt
2 TL Zitronensaft
schwarzer Pfeffer, frisch gemahlen
Salz

Alle Zutaten mit dem Handmixer gut vermischen. Wenn die Creme zu fest wird, noch etwas mehr Joghurt dazugeben.

EDELSCHIMMEL-MASCARPONE-CREME

Ein trockener Sherry als Aperitif, dazu Cracker oder kleine Brotekken mit einem Klacks dieser delikaten Creme.

100 g Edelschimmelkäse (Roquefort, Bergader etc.)
100 g Mascarpone
schwarzer Pfeffer, frisch gemahlen

Edelschimmelkäse mit der Gabel fein zerdrücken, mit Mascarpone und Pfeffer vermischen.

TOFUKRÄUTER-CREME

200 g Tofu
2 EL Öl
1 EL Sojasauce
2 EL Schnittlauch, fein gehackt
2 EL Kerbel, fein gehackt
2 EL Basilikum, fein gehackt
2 EL Petersilie, fein gehackt
2 TL Liebstöckel, fein gehackt
2 Champignons, fein gehackt
2 Knoblauchzehen, gepreßt
schwarzer Pfeffer, frisch gemahlen
Salz

Tofu durch ein Sieb streichen. Tofu und Öl mit dem Handrührgerät zu einer cremigen Masse verrühren. Die restlichen Zutaten untermischen.

Kalte Tofu-Aufstriche
sollen eine cremige Konsistenz haben, darum muß der Tofu zuerst durch ein Sieb gestrichen werden. Wichtig ist auch, daß Sie den durchpassierten Tofu zuerst mit dem Öl vermischen. Die Tofu-Paste wird am cremigsten, wenn Sie die Zutaten mit dem Handrührgerät vermischen.

TOFUCREME DER GÄRTNERIN ESMERALDA

200 g Tofu
2 EL Öl
2 TL Sojasauce
1 EL Hefeflocken
2 EL Petersilienwurzel, fein gerieben
2 EL Karotten, fein gerieben
1 EL Selleriewurzel, fein gerieben
2 EL Schnittlauch, fein gehackt
2 EL Petersilie, fein gehackt
2 Knoblauchzehen, gepreßt
schwarzer Pfeffer, frisch gemahlen
Salz

Tofu durch ein Sieb streichen. Tofu und Öl mit dem Handrührgerät zu einer cremigen Masse verrühren. Die übrigen Zutaten untermischen.

Hefeflocken
sind eine doppelte Bereicherung der täglichen Ernährung: Sie verfeinern Brotaufstriche, Salate, Suppen und Getreidegerichte mit ihrem würzig runden Aroma und liefern in konzentrierter Form pflanzliches Eiweiß und Vitamin B.
Hefeflocken finden Sie in den Naturkostabteilungen der Supermärkte und in Naturkostgeschäften.

AVOCADONUSS-CREME

1 weiche Avocado
½ EL Mandelmus
1 EL Haselnüsse, grob gehackt
1 Frühlingszwiebel, feine Ringe
1 EL Petersilie, fein gehackt
1 Knoblauchzehe, gepreßt
3 TL Zitronensaft
1 Prise abgeriebene Zitronenschale von einer ungespritzten Zitrone
1 Prise Chili
1 Prise Piment
Salz

Avocado halbieren, Kern entfernen, das Fruchtfleisch mit einem Löffel auslösen und mit einer Gabel zu einer cremigen Masse zerdrücken. Das Avocadomus mit dem Mandelmus verrühren. Haselnüsse, Frühlingszwiebeln, Petersilie, Knoblauch, Zitronensaft und abgeriebene Zitronenschale untermischen. Die Avocadonußcreme mit Chili, Piment und Salz abschmecken.

SALATE
Haben immer Saison

Im Sommer, weil die Lust auf Leichtes überwiegt. Im Winter, weil die Temperaturen sinken und der Vitaminbedarf steigt. Im Frühling wird die Müdigkeit damit bekämpft, und im Herbst bleibt nur der Grund, daß Salate täglich schmecken. Die große Schüssel mit Blättchen und Kräutchen, ein ganzes Jahr lang steht sie knackig frisch auf dem Tisch.

Anpassungsfähig wie er ist, übernimmt der Salat bei Ihren Essens-Inszenierungen jede Rolle. Im »romantischen Dinner bei Kerzenlicht« spielt er die Vorspeise, in »Einladung für die lieben Verwandten am Sonntag« tritt er souverän in der entscheidenden Nebenrolle, Beilage zum Hauptgang, auf. Am besten jedoch gefällt er sich, wenn er die Tischbretter, die ihm die Welt bedeuten, dominieren kann. Das geschieht regelmäßig in dem modernen Erfolgsstück »Heute gibt's nur eine große Schüssel Salat, Kinder!«, ein Einakter für einen Darsteller. Ein Stück Brot und eine Scheibe Käse dürfen ihm am Rande assistieren, doch er beherrscht die Szene, zieht alle Register seiner Kunst, keine Nuance läßt er aus, und beweist überlegen, daß das »nur« im Titel des Stücks, nur eine Provokation war, die kritische Geister zum Nachdenken anregen sollte.

Salat, jeden Tag, zu jedem Anlaß. Und Sie stehen ständig wieder vor der Frage: Was kommt rein in die große Schüssel? Feldsalat, Kopfsalat, Tomaten, Gurken, Paprika, Sprossen, Endivie, Walnüsse, Haselnüsse, Emmentaler, Sellerie, Stange oder Knolle, Karotten, Radieschen, Eier, Frühlingszwiebeln, Orangen, Avocado, Banane, Radicchio, Kartoffel, und wird die Sauce dazu cremig pikant, mit Kräutern gewürzt, nach Knoblauch duftend oder wie eh und je, aus Essig und Öl, Salz und Pfeffer sein? Sämtliche Salatzutaten sind, wie Sie wohl bemerkt haben, noch lange nicht aufgeführt, aber dies soll auch keine Enzyklopädie der möglichen und wahrscheinlichen Salatzutaten werden. Für die zahllosen Gelegenheiten Salat zu essen, möchte ich Ihnen ein paar unkomplizierte, wohlschmeckende Rezepte vorschlagen. Kurzum, damit der Salat nie langweilig wird, braucht es Abwechslung, und da kann ich Ihnen nur mit der bekannten Dichterin Wilhelmina Husch raten:

»Schnell geschnitten,
flink gerührt,
mal was Neues ausprobiert!«

GEMISCHTER SALAT MIT TOFU-KRÄUTER-DRESSING

Das Tofu-Kräuter-Dressing können Sie auch in größeren Mengen zubereiten und einige Tage im Kühlschrank aufbewahren.

Für 4 Personen

1 Kopfsalat, mundgerechte Stücke
1 Paprikaschote, dünne Streifen
2 Tomaten, kleine Schnitze
½ Gurke, dünne Scheiben
2 EL Radieschensprossen

Dressing:
80 g Tofu, Stücke
½ Bund Petersilie, große Stücke
½ Bund Dill, große Stücke
½ Bund Schnittlauch, große Stücke
einige Blättchen Basilikum
½ EL Hefeflocken
½ EL Essig
1 EL Zitronensaft
1 TL Senf
½ TL Honig
2 EL Olivenöl
3 EL kaltes Wasser
schwarzer Pfeffer, frisch gemahlen
Salz

Die Gemüse in einer Schüssel anrichten. Für die Sauce alle Zutaten im Mixer zu einer glatten Creme pürieren. Wenn die Sauce zu dick ist, noch etwas Zitronensaft und Wasser dazugeben. Die Gemüse mit der Sauce vermischen.

SALAT »CALIFORNIA« MIT EDELSCHIMMEL-KÄSE

Für 4 Personen

1 kleiner Kopfsalat
2 Tomaten, kleine Schnitze
1 gelbe Paprikaschote, feine Ringe
½ Gurke, dünne Scheiben
4 Champignons, dünne Scheiben
2 Frühlingszwiebeln, feine Ringe
2 EL Petersilie, fein gehackt
100 g Edelschimmelkäse (Roquefort, Bergader etc.), kleine Stücke
10 schwarze Oliven

Vinaigrette:
5 EL Olivenöl
2 EL Essig
1 Knoblauchzehe, gepreßt
schwarzer Pfeffer, frisch gemahlen
Salz

Die Salatzutaten in einer Schüssel anrichten. Die Zutaten für die Vinaigrette gut verrühren und den Salat mit der Sauce vermischen.

GRANATAPFEL-KAROTTEN-SALAT AUF FENCHEL

Eine Freude fürs Auge, weiße Fenchelscheiben, orangefarbene Karotten und durchsichtig rotschimmernde Granatapfelkerne.

Für 4 Personen

3 EL Zitronensaft
1 EL Öl
1 TL Honig
Salz
1 Granatapfel, Kerne ausgelöst
2 mittelgroße Karotten, grob gerieben
30 g Mandeln, gehackt
1 Fenchelknolle, hauchdünne Scheiben

Aus Zitronensaft, Öl und Honig eine Marinade anrühren, mit Salz abschmecken. 3 Eßlöffel Granatapfelkerne beiseite stellen, die restlichen Granatapfelkerne, Karotten und Mandelsplitter mit der Marinade vermischen. Die Fenchelscheiben auf einer Platte anrichten, die marinierten Karotten in die Mitte des Tellers auf den Fenchel geben und den Salat mit den restlichen Granatapfelkernen garnieren.
Wenn Sie den Salat im voraus zubereiten, bewahren Sie die Fenchelscheiben separat in kaltem, gesalzenen Zitronenwasser auf, so bleiben sie schön weiß.

SALAT »TRI COLORI« MIT BRUNNENKRESSE

Für 4 Personen

2 Handvoll Brunnenkresse
8 mittelgroße Tomaten, kleine Schnitze
2 EL Pinienkerne
2 Frühlingszwiebeln, dünne Ringe

Vinaigrette:
5 EL Olivenöl
2 EL Zitronensaft
1 EL Essig
2 Knoblauchzehen, gepreßt
schwarzer Pfeffer, frisch gemahlen
Salz

Brunnenkresse in mundgerechte Stücke zupfen. Dann mit Tomaten, Pinienkernen und Frühlingszwiebeln in eine Schüssel geben. Die Zutaten für die Vinaigrette verrühren und den Salat mit der Sauce vermischen.
Dieser Salat paßt gut zu den Nudeln mit Spinat und Pilzen (S. 108).

BUNTER SALAT MIT KARTOFFEL-DRESSING

Eine einsame Kartoffel ist übrig geblieben! Verarbeiten Sie sie zur würzigen Sauce für einen knackigen Salat.

Für 4 Personen

1 kleiner Lollo Rosso, mundgerechte Stücke
2 Tomaten, kleine Schnitze
1 gelbe Paprikaschote, dünne Streifen
4 Champignons, dünne Scheiben
½ Zwiebel, fein gehackt
2 EL Gartenkresse

Dressing:
1 gekochte Kartoffel (ca. 80 g), fein gerieben
2 EL Essig
3 EL Joghurt
1 TL Dijon-Senf
2 Knoblauchzehen, gepreßt
Salz
3 EL Olivenöl
1 EL Petersilie, fein gehackt

Die Salatzutaten in einer Schüssel anrichten. Für das Dressing die geriebene Kartoffel mit Essig, Joghurt, Senf, Knoblauchzehen und Salz mit dem Handrührgerät vermischen. Nach und nach das Olivenöl unterrühren, zuletzt die Petersilie dazugeben. Den Salat mit der Sauce vermischen.

BULGARISCHER BAUERNSALAT »SOPSKA SALATA«

Ein Gemüsesalat mit Schafskäse. Die Besonderheit: Der Schafskäse wird über den fertigen Salat fein gerieben, dadurch entfaltet sich das milde Käse-Aroma besonders gut.

Für 4 Personen

1 Gurke, dünne Scheiben
2 Tomaten, kleine Schnitze
1 gelbe Paprikaschote, dünne Streifen
2 Frühlingszwiebeln, feine Ringe
1 Bund Petersilie, fein gehackt
4 EL Olivenöl
3 EL Essig
schwarzer Pfeffer, frisch gemahlen
Salz
100 g Schafskäse (Feta), fein gerieben

Die Gemüse und die Kräuter in eine Schüssel geben. Aus Öl, Essig, Pfeffer und Salz eine Marinade anrühren. Den Salat mit der Marinade vermischen. Den geriebenen Käse wie eine Schneehaube über den Salat streuen.

GURKENSALAT MIT SESAM-JOGHURT-DRESSING

Für 4 Personen

1 Gurke, entkernt, kleine Würfel

Dressing:
100 g Joghurt
½ EL Sesammus (Tahini)
1 Knoblauchzehe, gepreßt
1 TL Zitronensaft
schwarzer Pfeffer, frisch gemahlen
Salz

Gurkenwürfel in eine Schüssel geben. Die Zutaten für die Sauce mit dem Handmixer verrühren und mit den Gurken vermischen.
Eventuell mit Minze garnieren.

Räucherkäse
Appetit auf ein deftiges Essen? Probieren Sie einmal ein Gericht mit Räucherkäse. Sein Ansehen hat leider wegen des überall erhältlichen geräucherten Schmelzkäses gelitten. Kaufen Sie Naturräucherkäse wie Bruder Basil oder den tschechischen Ostjepke, sein fein würziges Aroma wird Sie überraschen. Dieser Käse schmeckt kalt in Salaten, eignet sich aber auch ausgezeichnet zum Überbacken (beispielsweise für Toasts) oder für Saucen (Spaghetti »Como Carbonara« S. 68).

SALAT »SMOKEY JOE«

Knackige Gemüse und würziger Räucherkäse. Ich habe für dieses Rezept einen tschechischen Ostjepke verwendet. Der Salat schmeckt besonders gut, wenn er einige Zeit im Kühlschrank durchzieht, darum eignet er sich auch, in größeren Mengen zubereitet, für ein kaltes Buffet.

Für 2 Personen

100 g Räucherkäse, kleine Würfel
2 rote Paprikaschoten, kleine Würfel
½ Gurke, kleine Würfel
½ Zwiebel, fein gehackt
2 EL Petersilie, fein gehackt

Marinade:
1 EL Essig
3 EL Öl
schwarzer Pfeffer, frisch gemahlen
Salz

Alle Salatzutaten in eine Schüssel geben. Die Zutaten für die Marinade verrühren und mit dem Salat vermischen.

BLATTSALATE MIT WALNÜSSEN UND MINZ-VINAIGRETTE

Für 4 Personen

50 g Feldsalat
1 kleiner Radicchio, mundgerechte Stücke
½ Kopfsalat, mundgerechte Stücke
1 Frühlingszwiebel, feine Ringe
2 EL Walnüsse, gehackt

Vinaigrette:
20 Blatt Minze, fein gehackt
1 Knoblauchzehe, gepreßt
3 EL Olivenöl
2 EL Essig
Saft von 1 Zitrone
schwarzer Pfeffer, frisch gemahlen
Salz

Die Salatzutaten in eine Schüssel geben. Die Zutaten für die Vinaigrette gut verrühren: Den Salat mit der Vinaigrette mischen. Das Minze-Aroma entfaltet sich besonders gut, wenn Sie die Vinaigrette eine Stunde im voraus anrühren und durchziehen lassen.

ORANGEN-RÜBEN-SALAT

Ein Vitaminstoß im Winter! Reichen Sie den Salat als Rohkostvorspeise.

Für 3 Personen

100 g Rote Beete, gerieben
100 g Karotten, gerieben
2 EL Haselnüsse, gehackt
2 Orangen

Sauce:
Saft von ½ Zitrone
1 gute Prise abgeriebene Schale von einer ungespritzten Zitrone
Saft von 1 Orange
1 EL Öl
Salz
schwarzer Pfeffer, frisch gemahlen

Rote Beete, Karotten und Haselnüsse in eine Schüssel geben. Dann die Orangen über den Gemüsen filetieren, damit der Orangensaft nicht verloren geht. Die Orangenfilets zum Salat geben und den Rest der filetierten Orangen über dem Salat auspressen. Die Zutaten für die Sauce verrühren und mit dem Salat vermischen.

MEXIKANISCHER AVOCADO-SALAT

Für 2 Personen

1 weiche Avocado, dünne Scheiben
1 kleine rote Paprika, dünne Streifen
2 Tomaten, kleine Schnitze
1 EL Zwiebel, fein gehackt

Sauce:
Saft von ½ Zitrone
2 EL Öl
1 Knoblauchzehe, gepreßt
1 EL Petersilie (oder ½ EL frischer Koriander), fein gehackt
1 Prise Chili
Salz

Die Gemüse in einer Schüssel anrichten. Die Zutaten für die Sauce gut verrühren und vorsichtig mit den Gemüsen vermischen, damit die Avocadoscheiben nicht zerfallen.

Orangen filetieren
Die Orangenschale mit einem scharfen Messer abschneiden. Wichtig: Auch die weiße Haut muß ganz entfernt werden. Am einfachsten geht es, wenn Sie die Orange in der Hand halten und mit dem Messer die einzelnen Orangenschnitze zwischen den Trennhäuten herausschneiden. Die Orange immer über einer Schüssel filetieren, damit der heruntertropfende Saft aufgefangen wird.

INDISCHER KARTOFFELSALAT

Kochen Sie einmal die doppelte Portion Kartoffeln, dann haben Sie schon die Grundlage für einen würzigen, sättigenden Salat.

Für 4 Personen

500 g gekochte Kartoffeln, 1 cm kleine Würfel
½ Gurke, kleine Würfel
1 rote Paprikaschote, kleine Würfel
½ Zwiebel, fein gehackt
1 Bund Petersilie, fein gehackt

Sauce:
350 g Joghurt
3 Knoblauchzehen, gepreßt
1 gute Prise Cumin (Kreuzkümmel)
schwarzer Pfeffer, frisch gemahlen
Saft von 1 Zitrone
2 EL Öl
Salz

Die Salatzutaten in eine Schüssel geben. Die Zutaten für die Sauce gut verrühren und mit den Gemüsen vermischen.

SALAT »VIER MAL GRÜN« MIT HONG-KONG-DRESSING

Knackige Zutaten umhüllt von einem Hauch Ingwer.

Für 4 Personen

1 Kopfsalat
3 kleine Stiele Stangensellerie, 2 mm dünne Scheiben
1 Frühlingszwiebel, feine Ringe
2 EL Alfalfasprossen

Dressing:
¼–½ TL frischer Ingwer, gerieben
1 Knoblauchzehe, gepreßt
1 TL Sojasauce
2 EL Essig
3 EL Öl

Die Salatzutaten in eine Schüssel geben. Die Zutaten für das Dressing gut verrühren und mit dem Salat vermischen.

ROTE BETE-SALAT MIT MANDEL-MEERRETTICH-SAUCE

Für 3 Personen

Sauce:
½ EL Meerrettich, frisch gerieben
½ EL Mandelmus
125 g Joghurt
Saft von ½ Zitrone
Salz

Salat:
1 mittelgroße Rote Bete, gerieben
1 mittelgroßer, säuerlicher Apfel, gerieben
6 Blätter Eissalat, mundgerechte Stücke

Aus Meerrettich, Mandelmus, Joghurt und Zitronensaft mit dem Handmixer eine Sauce rühren, mit Salz abschmecken. Rote Bete und Apfel mit der Sauce vermischen. Eissalat auf einer Platte anrichten und den Rohkostsalat in die Mitte geben.

ENDIVIENSALAT MIT JOGHURT-SENF-SAUCE

Für 4 Personen

1 mittelgroßer Endiviensalat, sehr dünne Streifen
120 g Sellerie, grob gerieben
150 g (oder 2 mittelgroße) Karotten, grob gerieben
1 saurer Apfel, grob gerieben

Sauce:
250 g Joghurt
1 EL Hefeflocken
Saft von 1 Zitrone
1½ TL Dijon-Senf
Salz

Alle Salatzutaten in eine Schüssel geben. Für die Sauce Joghurt, Hefeflocken, Zitronensaft und Senf verrühren, mit Salz abschmecken. Die Sauce mit dem Salat vermischen.

KALTE SUPPEN
Für heiße Tage

Sommer – die Temperaturen steigen, die Lust am Essen vergeht wie das Eis in der Sonne, und die Freude am Kochen ist nur noch eine Erinnerung an kühlere Tage.
Da gibt's nur eins: »Die Suppe, die aus der Kälte kam!« Der Mixer wird angeworfen, und im Handumdrehen sind die erfrischendsten, vitaminreichsten Suppen fertig.
Appetitlosigkeit? Nach den ersten Löffeln keine Rede mehr davon! Kalte Suppen, mit welchen Zutaten gelingen sie am Besten? Ganz oben auf der Liste stehen reife, saftige Tomaten. Süß und säuerlich zugleich bilden sie die Grundlage für die verschiedensten Suppenkreationen. Kombiniert mit Paprikaschoten und Gurken, gewürzt mit Knoblauch, Zwiebeln, Salz, edelsüßem Paprikapulver und Pfeffer, abgerundet mit einem Schuß Essig, mit Olivenöl und Brotkrümeln gebunden haben Sie Ruck-Zuck und unter Zugabe einer kleinen Menge kalten Wassers eine original spanische Gazpacho gemixt. Aber dies ist nur der traditionelle Beginn einer vielversprechenden kulinarischen Bekanntschaft. Kombinieren Sie im Mixer zur kühlenden Suppe, was Kühlschrank, Markt und Kräuterbeet bereit halten. Joghurt, Gurken und frische Minze oder die cremige Version einer leicht pikanten Avocadosuppe, verfeinert mit Buttermilch und mit duftendem Koriander garniert. Noch ein paar Eiswürfel in die Schüssel, fertig ist der Suppenspaß!

SAURE MILCH MIT SCHWARZBROT

In der heißen Jahreszeit wurde dieses Gericht von den Bauern in Schwaben gegessen.

Für 4 Personen

1000 ml Sauermilch
4 Scheiben Vollkornbrot, kleine Würfel

Reichen Sie das Brot getrennt zur Sauermilch.
Die Sauermilch wird aus Suppentellern gegessen, und jeder »brockt« sich die Brotwürfel nach Belieben ein.

KALTE AVOCADO-BUTTERMILCHSUPPE

Für dieses Rezept müssen die Avocados butterweich sein. Achten Sie beim Einkauf darauf, oder lassen Sie zu feste Früchte einige Tage bei Zimmertemperatur nachreifen.

Für 4 Personen

2 weiche Avocados, geschält, große Stücke
500 ml Buttermilch
250 ml kaltes Wasser
Saft von 1½ Zitronen
½ TL Cumin (Kreuzkümmel)
1 Prise Chili
Salz
1 EL Petersilie oder frischer Koriander, fein gehackt

Avocadostücke mit Buttermilch, Wasser, Zitronensaft, Cumin und Chili im Mixer cremig pürieren. Die Suppe mit Salz abschmecken und mit Petersilie garniert servieren. Eventuell kurz vor dem Servieren einige Eiswürfel in die Suppe geben.

KALTE JOGHURT-GURKENSUPPE MIT KRÄUTERN

Für 4 Personen

500 g Joghurt
1 Knoblauchzehe, kleine Stücke
1 Bund Dill, 3 cm lange Stücke
20 Blatt Minze
250 ml kaltes Wasser
½ Gurke geschält, sehr kleine Würfel
schwarzer Pfeffer, frisch gemahlen
Salz
einige Minzeblättchen zum Garnieren

Joghurt, Knoblauch, Dill, Minze und Wasser im Mixer pürieren. Gurkenwürfel dazugeben und alles mit Pfeffer und Salz abschmecken. Eventuell kurz vor dem Servieren einige Eiswürfel in die Suppe geben. Mit Minzeblättchen garniert servieren.

KALTE SOMMER-GEMÜSECREME MIT BASILIKUM

Für 4 Personen

1 mittelgroße Gurke, geschält, große Stücke
1 Paprikaschote, große Stücke
400 g reife Tomaten, geviertelt
½ Zwiebel, große Stücke
4 Knoblauchzehen
30 Blatt Basilikum oder ½ TL getrocknetes Basilikum
250 g Joghurt
250 ml kaltes Wasser
schwarzer Pfeffer, frisch gemahlen
Salz
einige Basilikumblättchen zum Garnieren

Gurke, Paprika, Tomaten, Zwiebel, Knoblauch, Basilikum mit Joghurt und Wasser im Mixer fein pürieren. Die Suppe mit Pfeffer und Salz abschmecken und mit Basilikum garniert servieren.
Wenn die Tomaten nicht aromatisch genug sind, was trotz schönster roter Farbe vorkommen kann, dann geben Sie noch 1 Eßlöffel Tomatenmark in den Mixer.

KALTE DESSERTS
Einfach kurz rühren

lautet das Geheimnis dieser Desserts. Dadurch kommen Mandelmus, Haselnußmus, Erdnuß- und Sesammus in honigsüße Verbindung mit Sahne und Mascarpone, Joghurt und Quark. Diese üppigen Cremes, serviert mit frischen Beeren und Früchten, sind selbst für die verwöhntesten Schleckermäuler ein Hochgenuß.
Bei den schnellen Süßspeisen kommen die Nußmuse zum Einsatz und zur vollen Geltung. Wieder ein Lebensmittel, das ohne großen Arbeitseinsatz viel Geschmack entfaltet und sich vielseitig verwenden läßt. Gute Nußmuse bestehen zu 100% aus gemahlenen Nüssen und sonst nichts, kein Zucker, kein Salz, keine Geschmacksverstärker! Verwenden Sie nur diese reinen Produkte. Die Mischprodukte verderben den Geschmack der Speisen. Zu kaufen gibt es solche Nußmuse in Naturkostläden, Reformhäusern oder in der Naturkostabteilung gut sortierter Supermärkte. Nußmuse sind nicht billig, aber Sie brauchen wegen des intensiven Geschmacks nur wenig davon. Durch den natürlichen Fettgehalt der Nüsse ist das Mus sehr cremig, bei längerem Stehen setzt sich manchmal Öl an der Oberfläche ab – verrühren Sie das Mus vor Gebrauch.
Wenn Sie vor dem Essen nicht mehr dazugekommen sind, das Dessert vorzubereiten, keine Panik! In Windeseile haben Sie den Nachtisch gezaubert. Servieren Sie das Dessert mit einem rätselhaften Lächeln und verraten Sie nicht gleich, wie einfach alles ging – höchste Anstrengung und komplizierteste Zubereitungsmethoden wird man vermuten. Wenn Sie jedoch die ganze, süße Wahrheit enthüllen, halten Sie Papier und Bleistift bereit, Ihre Gäste werden das Rezept notieren wollen.

DATTELN GEFÜLLT MIT SESAMCREME

Für 6 Personen

500 g frische Datteln (ca. 30 Stück)

<u>Creme:</u>
1 gestrichener Eßlöffel Sesammus (Tahini)
4 EL Quark
2 EL Joghurt
2 EL Honig
2 TL Zitronensaft
1 gute Prise Zimt

Die Datteln entkernen. Für die Creme alle Zutaten mit dem Handrührgerät gut vermischen und in die Datteln füllen.

WINTERLICHER OBSTSALAT MIT MANDELCREME

Getrocknete Aprikosen erweitern das Früchtespektrum. Kaufen Sie ungeschwefelte Aprikosen (Naturkostgeschäft, Reformhaus, Naturkostabteilung des Supermarktes). Geschwefelte Aprikosen haben zwar eine schöne orange Farbe, aber das Aroma von naturbelassenen Aprikosen ist unvergleichlich besser. Getrocknete Aprikosen sind auch ein schmackhafter Snack für zwischendurch, den Sie vorrätig haben können.

Für 4 Personen

Obstsalat:
8 getrocknete Aprikosen, kleine Stücke
1 Banane, dünne Scheiben
1 Apfel, kleine Stücke
1 Birne, kleine Stücke
1 Orange, kleine Stücke
1½ EL Honig
1½ EL Brandy oder Rum
Saft von 1 Orange

Creme:
1½ EL Honig
1½ EL Mandelmus
80 g Mascarpone
Saft von 1 Orange

Die kleingeschnittenen Früchte in eine Schüssel geben. Honig, Brandy oder Rum und Orangensaft verrühren und mit den Früchten vermischen. Dann einige Zeit im Kühlschrank durchziehen lassen. Für die Creme alle Zutaten mit dem Handmixer verrühren und zum Obstsalat servieren.

EXOTISCHER OBSTSALAT MIT ERDNUSSAUCE

Für 4 bis 6 Personen

Obstsalat:
2 Orangen, kleine Stücke
1 Banane, dünne Scheiben
1 Ananas, kleine Stücke
2 Kiwis, dünne Scheiben
Saft von 1 Zitrone
2 EL Honig

Sauce:
250 g Joghurt
2 EL Erdnußmus
2 EL Honig

Die Früchte in eine Schüssel geben, Zitronensaft und Honig verrühren und unter die Früchte mischen. Für die Sauce alle Zutaten mit dem Handmixer verrühren und zum Obstsalat servieren.

VANILLA BRANDY

1 Flasche Brandy oder Cognac
mehrere ausgekratzte Vanilleschoten

Ausgekratzte Vanilleschoten, die bei der Zubereitung der Nachspeise übrigbleiben, in den Brandy geben, Flasche schließen.
Mindestens 1 Woche durchziehen lassen. 6 Schoten reichen schon aus, um eine Flasche zu aromatisieren. Je mehr Vanilleschoten Sie in der Flasche sammeln, umso besser wird der Brandy.

Oder Sie geben die ausgekratzten Vanilleschoten in ein gutschließendes Glas mit weißem oder braunem Zucker und erhalten so echten Vanillezucker.

Vanille
Das intensivste Vanille-Aroma erhalten Sie, wenn Sie das Mark aus ganzen Vanilleschoten verwenden. Das ist nicht sehr arbeitsaufwendig: halbieren Sie die Vanilleschote der Länge nach mit einem scharfen Messer und kratzen Sie das Mark mit einem kleinen Löffel heraus. Mit den ausgekratzten Schoten können Sie einen Vanilla Brandy ansetzen, mit dem Sie Obstsalate und Dessertcremes verfeinern können.

HASELNUSS-ORANGENCREME

Diese Creme essen Kinder besonders gern.

Für 4 Personen

200 g Quark
3 EL Haselnußmus
Saft von 2 Orangen
2 EL Honig
200 ml Sahne

Quark, Nußmus, Orangensaft und Honig mit dem Handrührgerät verrühren. Die Sahne steif schlagen und unter die Quarkmasse heben.

BANANEN-HASELNUSSCREME

Ihre Süße hat diese Creme nur vom Fruchtzucker der Bananen. Sie brauchen also weiche, reife Bananen zum guten Gelingen.

Für 4 Personen

4 reife Bananen
2 EL Haselnußmus
125 ml Sahne

Bananen mit einer Gabel zerdrükken und mit dem Haselnußmus vermischen. Sahne steif schlagen und unter die Bananenmasse heben.

Diese Creme sollten Sie kurz vor dem Servieren zubereiten. Wenn sie längere Zeit im Kühlschrank steht, wird sie wegen der Bananen braun.

MASCARPONE-VANILLECREME MIT SOMMERLICHEM OBSTSALAT

Diese Blitzcreme schmeckt so abgerundet, als stecke stundenlanges Rühren und Mühen in ihr.

Für 4 Personen

2 Pfirsiche, kleine Stücke
1 Banane, dünne Scheiben
250 g Erdbeeren
250 g Brombeeren

Creme:
100 g Mascarpone
100 g Joghurt
1 EL Honig
Vanillemark aus einer Vanillestange

Die Früchte in eine Schüssel geben. Mascarpone, Joghurt, Honig und Vanillemark mit dem Handmixer vermischen und die Creme über die Früchte gießen.

MANGO MIT KOKOS-ORANGENCREME

(Foto Seite 135)

Jetzt wird's exotisch, aber dank des Wundertöpfchens mit Mascarpone nicht weniger einfach.

Für 3 Personen

1 große reife Mango

Creme:
100 g Mascarpone
2 EL Kokosflocken
2 EL Honig
Saft von 1 großen Orange
abgeriebene Schale von 1/4 ungespritzten Orange oder Zitrone

Mango in dünne Scheiben schneiden. Für die Creme die Zutaten mit dem Handmixer zu einer glatten Creme verrühren und mit den Mangoscheiben anrichten.

Mascarpone
Ein sehr cremiger, italienischer Sahnefrischkäse.
Mascarpone ist von festerer Konsistenz als Schlagsahne, dadurch bekommen Sie ohne zusätzliche Dikkungsmittel wunderbare Cremes, wenn Sie ihn mit pürierten Früchten oder frischen Säften vermischen und mit Honig süßen. Mascarpone bekommen Sie in Käsegeschäften aber auch im Supermarkt fertig abgepackt zu kaufen.

EISCREMES
Die kalte Verführung

Alt und jung erliegen ihr, und je heißer die Sonne scheint, um so unwiderstehlicher wird sie. Die Kinder warten ungeduldig darauf, wann endlich ihr Lieblings-Eissalon aus dem viel zu langen Winterschlaf erwacht, und hat er erst einmal geöffnet, würden sie am liebsten sämtliche Mahlzeiten des Tages dort einnehmen.

Eine harte Zeit bricht an für Mütter und Väter, die Eiszeit in der Elternkind-Beziehung. Wer hat das stärkere Durchsetzungsvermögen, die lieben Kleinen, beflügelt von einer unersättlichen Gier nach dem kühlen Süßen, oder die Eltern, die verständliche Eiseslust der Kinder gegen den allzu hohen Zuckerkonsum abwägend.

Sie wissen bereits aus Erfahrung wie's ausgeht. Die Kinder ziehen die Eltern triumphierend zum Eiscafé, und die Eltern vergessen dort, angesichts der kühlen Pracht, ihre Bedenken und verfallen mit den Kindern in einen Eisrausch, aus dem sie erst erwachen, wenn eine große Portion Eis im Magen geschmolzen ist und ihnen über diesen Umweg wieder einen kühlen Kopf verschafft hat.

Jetzt kommen die Gewissensbisse und die Erinnerung an den letzten Zahnarztbesuch mit der Tochter. Sie spüren förmlich wie der Zucker ihrem Körper den Kalk entzieht, es knackt schon verdächtig. Es muß alles anders werden mit dem Eiskonsum! Vor allem bei diesen Preisen, jedes Jahr kostet die Kugel mehr, der Sommer – ein einziger Ruin! Ab jetzt wird das Eis selbstgemacht! Ganz natürlich, nur Sahne, Joghurt, Früchte und wenig Honig!

Keine Angst, Sie müssen jetzt nicht in eine Eismaschine investieren. Das Tiefkühlfach des Kühlschranks, eine gut verschließbare Plastikdose und ein Rührlöffel genügen. Schnell und einfach ist die köstlichste Eiscreme zubereitet. Jetzt können Sie beruhigt zusehen, wie die Kinder Berge von Eis verschlingen, oder selbst versuchen mitzuhalten.

Über eines dürfen wir uns aber keinen Illusionen hingeben, so unnachahmlich köstlich das hausgemachte Eis auch sein wird, den außerhäuslichen Eiskonsum kann es nur einschränken, niemals abschaffen. Das Sommererlebnis des kollektiven Eistaumels im Eiscafé ist durch nichts zu ersetzen, und ganz ehrlich gesagt, ich will es nicht versäumen. Bleibt nur übrig, den eigenen Eissalon zu eröffnen, mit Eis aus Naturprodukten. Aber das nützt auch nichts, von all der Arbeit muß man sich schließlich erholen, man geht zur Konkurrenz, und die macht das Eis wie üblich mit Zucker.

ORANGENEIS

Für 4 Personen

Saft von 8 Orangen
4 EL Honig
250 ml Sahne

Orangensaft mit Honig gut vermischen. Sahne sehr steif schlagen und mit dem Orangensaft vermischen (von Hand, nicht mit dem Handmixer, damit das Eis eine cremige Konsistenz bekommt). Das Eis im Tiefkühlfach zugedeckt 2 bis 3 Stunden gefrieren lassen, dabei ab und zu kräftig umrühren.

VANILLEEIS

Für 6 Personen

2 Vanilleschoten
150 g Mascarpone
500 g Joghurt
4 bis 5 EL Honig

Vanilleschoten der Länge nach aufschneiden, Vanillemark herauskratzen. Vanillemark, Mascarpone, Joghurt und Honig mit dem Handrührgerät gut vermischen. Die Masse im Tiefkühlfach zugedeckt ca. 2 Stunden gefrieren lassen, dabei ab und zu kräftig umrühren. Vor dem Servieren noch einmal kräftig verrühren.
Dazu passen hervorragend heiße Himbeeren (S. 126).

ERDBEEREIS

Der Traum jedes Kindergeburtstags. Auf die gleiche Weise bereiten Sie Eiscreme oder Halbgefrorenes mit Brombeeren und Himbeeren zu.

Für 4 Personen

500 g Erdbeeren
6 EL Honig
250 ml Sahne

Erdbeeren mit dem Honig im Mixer pürieren. Sahne sehr steif schlagen. Erdbeerpüree unter die Sahne mischen. Die Masse 1 bis 2 Stunden zugedeckt in das Tiefkühlfach stellen, ab und zu kräftig umrühren.

ERDNUSS-ORANGENEIS

Für 4 Personen

4 EL Erdnußmus
Saft von 2 Orangen
2 EL Honig
125 ml Sahne

Erdnußmus, Orangensaft und Honig mit dem Handmixer glattrühren. Sahne sehr steif schlagen und mit der Erdnußcreme vermischen. Die Masse 1½ Stunden zugedeckt ins Tiefkühlfach stellen, dabei ab und zu umrühren.

CUBANISCHES ZITRONENEIS

Für dieses Eis verwenden Sie als Süßstoff Succanat, den getrockneten Saft des Rohrzuckers.

Für 4 Personen

Saft von 2 Zitronen
abgeriebene Schale von ½ ungespritzten Zitrone
250 g Joghurt
4 EL Succanat oder brauner Demerara-Zucker
125 ml Sahne

Zitronensaft, Zitronenschale, Joghurt und Succanat mit dem Handmixer vermischen. Sahne sehr steif schlagen. Die Joghurtmasse unter die Sahne heben. Die Creme im Tiefkühlfach zugedeckt 1 bis 2 Stunden gefrieren lassen, dabei ab und zu kräftig durchrühren.

Succanat
Succanat ist der unraffinierte, getrocknete Saft des Rohrzuckers. In den Ländern mit traditioneller Zuckerrohrproduktion ist dieser konzentrierte Saft ein vielseitig verwendetes Süßungsmittel, das Vitamine und Mineralstoffe enthält. Succanat können Sie in Naturkostläden und den Naturkostabteilungen der Supermärkte kaufen.

DRINKS

Ein erfrischendes Schlückchen, oder nehmen Sie den Kampf auf!

Mein Sohn hatte wieder einmal ein Fläschchen entdeckt, im Kühlregal des Supermarktes, mit wunderschön aufgemalten tropischen Früchten und von gefällig gestylter Form. Gut, er bekam's! Er soll kein Kindheitstrauma entwickeln, daß er bei all den bunten, käuflichen eßbaren Dingen des Lebens benachteiligt wurde, und dann als Erwachsener zwanghaft, in einer lebenslangen Freßneurose, alles verschlingt, was die Industrie auf den Markt wirft.

Er trank das Fläschchen gluckernd vor Entzücken aus. Niemals hatte etwas so gut geschmeckt! Ich probierte ein Schlückchen, dachte mir »Aha«, und kreierte zum Mittagessen das Orangen-Joghurt-Getränk (S. 48).

Zuerst Empörung, Verrat am guten Geschmack! Diese Ambrosia kam nicht aus dem schnittigen Fläschchen im neonfarbenen Design mit Wiedererkennungswert, sondern aus einem Keramikkrug Marke »Trautes Heim«. Aber kaum rauschte der Saft aus dem Krug ins Glas, hellte sich die Miene auf. Es schäumte aufregend, als sei der Mix geradewegs aus einer hyper-edelstahlglänzenden Maschine herausgezischt. Wie bei Mac Micky Maus! Dann, nach einem Schluck, vollste Zufriedenheit und sogar das Eingeständnis: »Es schmeckt besser!« Vollste Zufriedenheit auch bei mir, was wollte ich mehr! Wieder war mir ein kleiner Sieg über die allgegenwärtigen Plastik-Lebensmittel gelungen. Und jetzt noch das Geheimnis des aufregenden Schaums, die Erlebnis-Gastronomie würde ein Vermögen dafür zahlen: Lassen Sie den Mixer auf Hochtouren laufen, wenn Sie das Getränk vermischen!

Erfrischend, vitaminreich und nahrhaft, frische Säfte und Milchgetränke sind schnell und unaufwendig gepreßt und gemixt. Für die private Produktion sind Sie mit einem Mixer, einer elektrischen Zitruspresse und einem Sieb bestens ausgerüstet. Das zeitraubende Einkochen sparen Sie sich, die Säfte werden den Jahreszeiten entsprechend frisch serviert und von den allermeisten mit Begeisterung getrunken. Gerade Kinder (und nicht nur sie), ab und zu etwas kaufaul, nehmen ihre Vitamine liebend gern in flüssiger Form zu sich.

ORANGEN-JOGHURT-GETRÄNK

Ein echter Durstlöscher! Dieses leicht gesüßte Erfrischungsgetränk ist bei Kindern und bei Erwachsenen ein Hit!

Für 6 Gläser

500 g Joghurt
Saft von 6 Orangen
2 EL Honig
500 ml kaltes Wasser

Alle Zutaten im Mixer oder mit dem Handrührgerät auf höchster Stufe vermischen.

ANANAS-COCKTAIL »KING CREOLE«

Für 6 Gläser

1 Ananas, Stücke
2 EL Honig
300 ml kaltes Wasser
Saft von 4 Orangen
70 ml weißer Rum
Eiswürfel

Ananasstücke, Honig und Wasser im Mixer pürieren, den Saft durch ein Sieb streichen oder durchpassieren. Dann mit Orangensaft und Rum vermischen. Mit Eiswürfeln servieren.

TROPISCHER FRÜCHTE-COCKTAIL »ALOHA IN SAMOA«

Wenn die Winterstürme ums Haus toben, stärken Sie sich in der guten Stube mit exotischen Köstlichkeiten. Verwenden Sie reife, weiche Früchte, sonst schmeckt der Saft nicht. Exotische Früchte gibt es meist nur steinhart zu kaufen. Lassen Sie die Früchte einige Tage liegen (nicht im Kühlschrank), dann kommen Sie in den vollen Genuß ihres Aromas.

Für 4 Gläser

1 Mango, geschält, kleine Stücke
1 kleine Papaya, geschält, kleine Stücke
Saft von 8 Orangen
2 EL Honig

Alle Zutaten im Mixer pürieren. Wenn der Cocktail zu dickflüssig wird, mischen Sie noch etwas Wasser und 1 bis 2 TL Honig darunter.

ANANAS-BANANEN-FLIP

Für 6 Gläser

1 Ananas (ca. 400 g), Stücke
250 ml kaltes Wasser
2 Bananen
500 ml Buttermilch

Ananas mit Wasser im Mixer pürieren. Den Saft durch ein Sieb streichen oder mit der »Flotten Lotte« durchpassieren. Den Ananassaft mit den Bananen im Mixer pürieren. In einem großen Krug mit der gut gekühlten Buttermilch vermischen.

VITAMIN-MIX

Wenn Sie damit dem Schnupfen nicht trotzen, hilft nur noch eine konzentrierte Knoblauchsuppe (S. 89). Am besten Sie probieren beides auf einmal.

Für 1 Glas

1 Kiwi, kleine Stücke
½ Banane, Scheiben
Saft von 2 Orangen

Alle Zutaten im Mixer mischen.

BEEREN-MIX »SOMMER PUR!«

Für 6 Gläser

100 g Erdbeeren
100 g Brombeeren
100 g Johannisbeeren
100 g Himbeeren
Saft von 8 Orangen
2 EL Honig

Alle Zutaten im Mixer vermischen. Den Saft durch ein Sieb streichen oder mit der »Flotten Lotte« durchpassieren.

BANANEN-MANDEL-MILCH

Die üppige Variante der beliebten Bananenmilch. Sie können damit eine Zwischenmahlzeit ersetzen.

Für 2 Gläser

1 Banane
½ EL Mandelmus
Vanillemark aus einer Vanilleschote
½ EL Honig
250 ml kalte Milch

Alle Zutaten im Mixer pürieren.

MANGO-ORANGEN-FLIP

Schön rosarot wird der Flip mit dem Saft von Blutorangen.

Für 6 Gläser

1 reife Mango, Stücke
Saft von 5 Orangen
500 ml Buttermilch, gut gekühlt
1 EL Honig

Alle Zutaten im Mixer vermischen.

HEIDELBEER-ORANGENMIX

Für 3 Gläser

250 g Heidelbeeren
Saft von 4 Orangen
1½ EL Honig

Heidelbeeren, Orangensaft und Honig im Mixer vermischen.

AYRAN

Ein klassisches orientalisches Getränk. Schmeckt hervorragend zu orientalischen Spezialitäten und zur ganz normalen Brotzeit mit Käseplatte und Radieschen.

Für 4 Gläser

500 g Joghurt
400 ml kaltes Wasser
Salz
2 EL frische Minze, fein gehackt
Eiswürfel

Joghurt und Wasser im Mixer vermischen, mit Salz und Minze abschmecken. Mit Eiswürfeln servieren.
Wenn Sie gerade keine frische Minze zur Hand haben, es schmeckt auch ohne. Statt Joghurt können Sie auch Kefir verwenden.

TRAUBENSAFT

Der Herbst kommt, und mit ihm Trauben in Hülle und Fülle. Nichts einfacher, als eine Traubenkur zu Hause!

Für 4 Gläser

1 kg süße Trauben

Trauben im Mixer zerkleinern und durch ein Sieb streichen oder mit der »Flotten Lotte« durchpassieren.

IN 15 MINUTEN HEISS GEKOCHT

TOASTS
Eine superschlaue Erfindung

unserer schnellen Fastfoodzeit ist der Toast nicht. Die Toast-Klassiker sind in der traditionellen Küche verschiedener Länder fest verwurzelt und seit langem als rascher, unkomplizierter Imbiß beliebt. Während der Arbeit an diesem Kochbuch habe ich das Toast-Bakken und vor allem -Essen schätzen gelernt. Bis dahin hatte die Erinnerung an den ewig gleichen »Toast Hawaii«, der in den abgegriffenen Speisekarten verrauchter Bahnhofslokale und ähnlich einladender Etablissements zu finden ist, mir jeglichen Appetit auf diesen Snack verdorben.
Bei näherer Beschäftigung jedoch, erwies sich das Kapitel Toasts als kulinarische Entdeckung. Ein Ziegenkäsetoast mit provençalischer Sauce überzeugt jeden Feinschmecker. Mit Mozzarella-Tomaten-Crostini, Salat und einem Schluck Rotwein bewirten Sie eine größere Anzahl von Gästen, auch wenn Sie fast keine Zeit zum Kochen haben. Tofu-Liebhaber müssen auf den schnellen heißen Bissen auch nicht verzichten, gut gewürzt mit pikanter Sauce.
Für mich privat ist dieses Kapitel noch lang nicht abgeschlossen, der Alltag schreibt die Fortsetzung. Wenn der Kühlschrank fast leer ist, wenn es spät abends ist und noch niemand heimgehen möchte, wenn überraschend Besuch vor der Tür steht oder jemand ganz plötzlich einen Riesenhunger bekommt. »A bißl was« findet sich immer für einen Toast. Sogar eine dramatische Zuspitzung der Lage ließe sich durchaus mit Phantasie und einigen schnell gebackenen Toasts bewältigen: Ein Uhr früh, vor dem fast leeren Kühlschrank, allein. Plötzlich, vor der Tür mit einem Riesenhunger – Besuch. Heimgehen wollen sie nicht mehr!

MOZZARELLA-TOMATEN-CROSTINI

4 Scheiben lockeres Weizenvollkornbrot
2 TL Butter
1 Knoblauchzehe, fein gehackt
200 g Mozzarella, dünne Scheiben
2 Tomaten, dünne Scheiben
6 schwarze Oliven, Stücke
1 Frühlingszwiebel, feine Ringe

Brot mit Butter bestreichen. Knoblauch darauf verteilen, mit Mozzarella, Tomatenscheiben und Olivenstücken belegen. Im vorgeheizten Ofen bei mittlerer Hitze 7 Minuten backen.

EG-TOAST

Italienischer Gorgonzola, französischer Camembert und holländischer Gouda.

4 Scheiben Weizenvollkornbrot
50 g Gorgonzola, kleine Stücke
50 g Camembert, dünne Scheiben
100 g mittelalter Gouda, dünne Scheiben
1 Prise Paprikapulver, edelsüß
1 Tomate, dünne Scheiben
½ EL Schnittlauch, fein gehackt
1 EL Kresse
schwarzer Pfeffer, frisch gemahlen

Die Brotscheiben mit Gorgonzola, Camembert und zuletzt mit Gouda belegen und mit Paprika würzen. Dann im vorgeheizten Ofen bei mittlerer Hitze in 7 Minuten überbacken. Die Toasts mit Tomaten, Schnittlauch und Kresse garnieren. Mit Pfeffer übermahlen.

Zum guten Gelingen
Zuerst kommen die Toasts in den Backofen. Während der Backzeit werden die Zutaten für Saucen und Garnitur geschnitten. Auf diese Weise stehen in 15 Minuten die fertigen Toasts auf dem Tisch.
Die Rezepte sind für 2 Personen mit gutem Appetit oder für 4 Personen als kleiner Snack gedacht.
Experimentieren Sie mit verschiedenen Vollkornbrotsorten, dadurch werden die Toasts noch abwechslungsreicher. Brot, das schon einige Tage alt ist, läßt sich noch gut als Toast backen.

TOAST »VIVA MEXICO!«

3 Scheiben Weizenvollkorntoast
2 TL Butter
120 g junger Gouda, dünne Scheiben
1 Tomate, kleine Würfel
½ Zwiebel, fein gehackt
1 Knoblauchzehe, gepreßt
1 gute Prise Chili
1 Prise Oregano
1 TL Zitronensaft
Salz
4 Salatblätter
1 reife Avocado, dünne Scheiben

Toastbrote mit der Butter bestreichen, den Käse auf den Broten verteilen, die Brote im vorgeheizten Ofen 5 bis 6 Minuten bei mittlerer Hitze überbacken. In dieser Zeit die restlichen Zutaten kleinschneiden. Tomatenwürfel, Zwiebel, Knoblauch, Chili, Oregano, Zitronensaft und Salz vermischen. Die fertigen Toasts mit Salatblättern und Avocadoscheiben belegen. Die Tomatensauce auf den Toasts verteilen.

TOFU-TOAST »HOLZHACKER MAG'S AUCH«

1 EL Sojasauce
1 EL Öl
2 TL Dijon-Senf
1 Prise Muskatnuß, frisch gerieben
1 Prise Liebstöckel
200 g Tofu, 0,5 cm dünne Scheiben
4 Scheiben grobes Sonnenblumenvollkornbrot
Salz

Sauce:
1 EL Petersilie, fein gehackt
2 EL Frühlingszwiebeln, feine Ringe
1 Knoblauchzehe, gepreßt
1 TL Sojasauce

Garnitur:
4 Salatblätter
½ Paprikaschote, dünne Streifen
2 EL Kresse

Sojasauce, Öl, Senf, Muskatnuß und Liebstöckel vermischen. Die Tofuscheiben in der Marinade wenden und die Brote damit belegen. Die Brote im vorgeheizten Ofen bei mittlerer Hitze 8 bis 10 Minuten backen. In dieser Zeit die Sauce zubereiten: Dafür alle Zutaten vermischen. Die fertig gebackenen Toasts leicht salzen, mit Salatblättern und Paprikastreifen belegen. Die Sauce auf den Toasts verteilen und mit Kresseblättchen garnieren.

ZIEGENKÄSETOAST MIT PROVENÇALISCHER SAUCE

4 Scheiben Roggen-Weizenvollkornbrot
2 TL Butter
200 g weicher Ziegenkäse (Konsistenz von Camembert), dünne Scheiben

Sauce:
1 Tomate, sehr kleine Würfel
½ gelbe Paprikaschote, sehr kleine Würfel
1 EL Zwiebeln, fein gehackt
4 schwarze Oliven, kleine Stücke
1 Knoblauchzehe, gepreßt
1 Prise Oregano
1 Prise Thymian
1 Prise Basilikum
1 TL Olivenöl
schwarzer Pfeffer, frisch gemahlen
Salz

Brotscheiben mit Butter bestreichen, den Käse auf dem Brot verteilen. Die Brote im vorgeheizten Ofen 7 Minuten bei mittlerer Hitze backen, bis der Käse zu schmelzen beginnt. In dieser Zeit die Sauce zubereiten: Dazu alle Zutaten gut vermischen. Je einen Eßlöffel Sauce auf die fertig gebackenen Toasts geben.

TOFU-TOAST »EIN HAUCH VON SÜDEN«

Nicht nur Käse eignet sich für lekkere Toasts, auch mit Tofu ist Ruck-Zuck ein wohlschmeckendes Sandwich zubereitet. Lassen Sie sich von der langen Zutatenliste nicht abschrecken, es ist nichts Außergewöhnliches dabei und von allem nur ein »Hauch«.

1 EL Olivenöl
1 EL Sojasauce
1 Prise Oregano
1 Prise Basilikum
schwarzer Pfeffer, frisch gemahlen
200 g Tofu, 0,5 cm dicke Scheiben
4 Scheiben Weizenvollkorntoast
Salz

Sauce:
2 TL Kapern
8 schwarze Oliven, kleine Stücke
1 EL Zwiebeln, fein gehackt
1 Knoblauchzehe, gepreßt
1 EL Petersilie, fein gehackt
2 TL Olivenöl

Garnitur:
1 Tomate, dünne Scheiben

Olivenöl, Sojasauce, Oregano, Basilikum und Pfeffer vermischen. Die Tofuscheiben in der Marinade wenden und die Toasts damit belegen. Die Brote im vorgeheizten Backofen bei mittlerer Hitze 8 bis 10 Minuten backen. In dieser Zeit die Sauce zubereiten: Dafür alle Zutaten gut vermischen. Die fertig gebackenen Toasts leicht salzen, mit den Tomatenscheiben belegen und die Sauce darüber verteilen.

GEGRILLTES KÄSESANDWICH

Ein deftiger Snack, der gleich aus der Hand gegessen werden kann. Einfach und köstlich!

8 Scheiben Weizenvollkorntoast
2 TL Butter
200 g Cheddar oder Emmentaler, dünne Scheiben
4 Salatblätter
2 Tomaten, dünne Scheiben
2 Essiggurken, dünne Scheiben
2 Frühlingszwiebeln, feine Ringe

Brotscheiben mit Butter bestreichen und auf 4 Brotscheiben je 50 g Käse legen. Die Käsebrote mit den restlichen Toastscheiben zudekken. Die zusammengeklappten Brote im vorgeheizten Ofen bei mittlerer Hitze 10 Minuten backen. Nach 5 Minuten einmal umdrehen. In der Backzeit die restlichen Zutaten kleinschneiden. Die fertig gebackenen Toasts aufklappen und mit Salatblatt, Tomaten-, Essiggurkenscheiben und Frühlingszwiebeln garnieren. Wieder zuklappen und sofort servieren.

SUPPEN
Schnell, mit Tradition

Und wieder muß der moderne Mensch mit der Erkenntnis leben, daß die schnelle Küche keine Erfindung des ausgehenden 20. Jahrhunderts ist. Sogar die Instant-Suppenbrühe wurde nicht im Zug der industriellen Produktion von Lebensmitteln erfunden. Schon vor 700 Jahren erfreuten sich die Japaner an der Urform der Instant-Brühe, der Misosuppe.
Miso ist eine durch natürliche Fermentation gewonnene Paste aus Sojabohnen, Getreide und Meersalz und hat, im Gegensatz zu der uns bekannten Instant-Brühe, einen sehr hohen Nährwert. Miso ist reich an hochwertigem Eiweiß, fördert die Verdauung, regt den Stoffwechsel an und enthält das mit wenigen Ausnahmen in pflanzlicher Nahrung nicht enthaltene Vitamin B_{12}. In Japan gehört Misosuppe zum täglichen Speiseplan. Es gibt Kochbücher, die sich ausschließlich mit der Zubereitung von Misosuppen beschäftigen, und für jeden Tag des Jahres 2 Misosuppen vorschlagen, eine zum Frühstück, die andere zum Abendessen. Der regelmäßige Genuß von Miso gilt in Japan als Garant für Gesundheit und langes Leben, so wie bei den Völkern des Kaukasus Joghurt, der wie Miso durch Milchsäuregärung entsteht.
Die Zubereitung einer Misosuppe ist denkbar einfach: In sehr schwach gesalzener Gemüsebrühe werden rohe oder leicht sautierte Gemüsestückchen kurz gekocht. Die Misopaste wird mit etwas Brühe glatt gerührt und in die Suppe gegeben. Die Suppe soll danach nicht mehr kochen, weil sonst die wertvollen Milchsäurebakterien vernichtet werden. Noch etwas Garnitur auf die Suppe, fertig.
Es gibt verschiedene Sorten von Miso. Bei uns sind drei Sorten am verbreitetsten: das sehr intensive Hatcho-Miso, nur aus Sojabohnen und Meersalz hergestellt, oder die milderen Misosorten, denen Reis oder Gerste beigemischt ist. Ich empfehle Ihnen Reis- oder Gersten-Miso, mit ihrem abgerundeten Geschmack sind sie bestens für täglich neue Suppen-Kreationen geeignet. Miso hat noch einen weiteren Vorteil, aufgrund seines Salzgehaltes ist es auch ungekühlt sehr lange haltbar. Kaufen können Sie Miso, auf traditionelle Art hergestellt, in Naturkostgeschäften und Reformhäusern.
»Hört sich alles ganz gut an«, werden Sie jetzt denken. »Gesund, schnell gekocht und leicht erhältlich. Aber wie schmeckt's?« Es schmeckt gut! Zum Glück gibt es meine Test-Esser, und Sie müssen sich nicht allein auf mein individuelles Urteil verlassen. Keiner der zahlreichen Test-Esser hatte je-

mals zuvor Misosuppe gegessen, aber die würzige Suppe mit einigen schön geschnittenen Gemüsestückchen und Kräutern schmeckte allen, ohne Ausnahme.
Die Misosuppe ist nur eine Art der erfreulich schnell gekochten Suppen. Ebenfalls aus dem fernen Osten kommt die nächste Minutensuppe, chinesisch mit Sojasauce gewürzt. Ihre Zubereitung ist ähnlich einfach wie die der Misosuppe: Eine schwach gesalzene Gemüsebrühe wird mit Sojasauce und Gewürzen abgeschmeckt.
In dieser abgerundeten Brühe werden schnell gebratene Gemüsestücke, Tofu, Nudeln kurz noch einmal erhitzt und die Suppe, abwechslungsreich garniert, sofort aufgetragen. Die Suppe »Die den Drachen freundlich stimmt« mit Brunnenkresse, Champignons und Karotten ist ein schmackhaftes Beispiel dafür, wie nach einer simplen Methode anspruchsvolle Suppen gekocht werden können. Verwenden Sie für diese köstlichen Süppchen nur die natürliche, eiweiß- und vitaminreiche Sojasauce aus Sojabohnen, Wasser und Meersalz, ohne Zusatz von Zucker, Farbstoffen und Konservierungsmitteln.
Aber auch aus uns vertrauterer Umgebung gibt es schnelle Suppenrezepte: eine kräftige Spinat-Knoblauchsuppe, eine Pilz-Lauchcremesuppe und die, von Kindern sehr geschätzte, gebrannte Grießsuppe nach schwäbischer Art.

MISOSUPPE MIT EI UND FRÜHLINGSZWIEBELN

Die beliebte Eierflockensuppe im japanischen Stil. Schneller kann eine nahrhafte Suppe nicht mehr gekocht werden.

Für 4 Personen

500 ml Gemüsebrühe
500 ml Wasser
2 EL Reis- oder Gerstenmiso
(60 g – 80 g)
2 Eier
2 Frühlingszwiebeln, feine Ringe

Gemüsebrühe und Wasser zum Kochen bringen. Eier verquirlen. Miso mit 3 EL kaltem Wasser glattrühren. Die kochende Suppe vom Feuer nehmen, nacheinander mit dem Schneebesen Eier und Miso einrühren. Die Suppe nicht mehr erhitzen und mit Frühlingszwiebeln garniert servieren.

Frühlingszwiebeln
In der schnellen Küche bleibt oft keine Zeit, Zwiebeln langsam anzudünsten. Dünne Frühlingszwiebelringe, als knackige Dekoration über die fertigen Speisen gestreut, bereichern Gemüse, Pasta und Suppen. Ihr Aroma ist eine Mischung aus mildem Zwiebelgeschmack und Schnittlauch.

MISOSUPPE MIT KOHLRABI, GEBRATENEM TOFU UND SPINAT

Für 4 Personen

500 ml Gemüsebrühe
500 ml Wasser
2 EL Öl
50 g Tofu, kleine Würfel
½ junger Kohlrabi, 2 mm dünne Scheibchen
1 Handvoll Spinatblätter
2 EL Reis- oder Gerstenmiso
(60 g – 80 g)
1 Frühlingszwiebel, feine Ringe

Gemüsebrühe und Wasser zum Kochen bringen. In dieser Zeit die Zutaten kleinschneiden. Öl in einer kleinen Pfanne erhitzen und Tofu kurz goldgelb anbraten. Tofu in die Suppe geben und 3 Minuten köcheln. Kohlrabi in die Suppe geben, 2 Minuten köcheln. Spinat dazugeben und 1 Minute köcheln. Miso mit 3 Eßlöffeln kaltem Wasser glattrühren. Die Suppe vom Herd nehmen und das Miso einrühren. Dann mit Frühlingszwiebeln garniert servieren.

SUPPE »DIE DEN DRACHEN FREUNDLICH STIMMT«

Brunnenkresse, Pilze und Karotten in einer aromatischen Brühe mit Sojasauce, Weißwein und Ingwer.

Für 4 Personen

1000 ml schwach gesalzene Gemüsebrühe
2–3 EL Sojasauce
2 EL trockener Weißwein
1 TL frischer Ingwer, gerieben
1 TL Honig
1 Prise Chili
1 Prise abgeriebene Schale von einer ungespritzten Zitrone
2 Knoblauchzehen, fein gehackt
1 Karotte, 3 cm lange, 3 mm breite Stifte
200 g Champignons, dünne Scheiben
1 Handvoll Brunnenkresse
2 EL Öl
4 Scheiben Zitrone

Gemüsebrühe mit Sojasauce, Weißwein, Ingwer, Honig, Chili und abgeriebener Zitronenschale zugedeckt zum Kochen bringen. In dieser Zeit Knoblauch und Gemüse kleinschneiden. Brunnenkresse in mundgerechte Stücke zupfen. Öl in einer Pfanne oder einem Wok erhitzen, Knoblauch darin kurz anbraten, Karotten hinzufügen und 1 Minute unter Rühren braten. Pilze zugeben, leicht salzen, die Gemüse unter Rühren 2 bis 3 Minuten braten, sie sollen noch Biß haben. Die Gemüse in die kochende Suppe geben und 1 Minute leicht kochen. Die Suppe vom Herd nehmen, Brunnenkresse hinzufügen. Die Suppe nicht mehr erhitzen und mit Zitronenscheiben garniert servieren.

GEMÜSESUPPE »DREI KÖSTLICHKEITEN«

Spinat, Austernpilze und Sprossen, drei edle Gemüse in einem Topf.

Für 4 Personen

1000 ml schwach gesalzene Gemüsebrühe
2–3 EL Sojasauce
2 EL Weißwein oder trockener Sherry
1 TL frischer Ingwer, gerieben
1 Lorbeerblatt
2 EL Öl
2 Knoblauchzehen, fein gehackt
100 g Austernpilze, mundgerechte Stücke
Salz
50 g Mungosprossen (Sojasprossen)
100 g Spinat
1 Frühlingszwiebel, feine Ringe

Gemüsebrühe mit Sojasauce, Weißwein, Ingwer und Lorbeerblatt zugedeckt zum Kochen bringen. In dieser Zeit die restlichen Zutaten kleinschneiden. Das Öl in einer Pfanne oder einem Wok erhitzen, Knoblauch darin kurz anbraten, Austernpilze zufügen, unter Rühren 2 Minuten braten und leicht salzen. Sprossen zugeben und unter Rühren kurz anbraten. Den Spinat zufügen, unter Rühren kurz braten, bis er zusammenfällt. Die Gemüse in die Suppe geben und 1 Minute köcheln. Die Suppe vom Herd nehmen und mit Frühlingszwiebeln garniert servieren.
Auch zu dieser Suppe schmecken geröstete Sesamkörner oder Gomasio (S. 16)

SPINAT-KNOBLAUCHSUPPE

Für 3 Personen

750 ml Gemüsebrühe
2 EL Olivenöl
8 Knoblauchzehen, dünne Scheiben
abgeriebene Schale von ½ ungespritzten Zitrone
250 g Spinat
Salz
2 TL Zitronensaft
Pfeffer
1 Frühlingszwiebel, feine Ringe
Parmesan nach Belieben

Gemüsebrühe zugedeckt zum Kochen bringen. In dieser Zeit die restlichen Zutaten vorbereiten. Das Olivenöl in einem Topf erhitzen, Knoblauch hinzufügen, kurz anbraten, mit der heißen Brühe aufgießen und mit Zitronenschale würzen. Die Suppe zugedeckt 7 Minuten leicht kochen. In der Zwischenzeit den tropfnassen Spinat mit etwas Salz in einem geschlossenen Topf bei mittlerer Hitze in 3 Minuten zusammenfallen, dann in einem Sieb abtropfen lassen. Den Spinat in mundgerechte Stücke schneiden, in die köchelnde Brühe geben und einen Moment mitkochen. Die Suppe mit Zitronensaft und Pfeffer abschmecken und mit Frühlingszwiebeln garniert servieren.
Zur Suppe Parmesan reichen.

GEBRANNTE GRIESSUPPE

Ein altes schwäbisches Rezept – von meiner Mutter! Kinder und Enkelkinder essen diese angenehme Suppe besonders gern.

Für 3 Personen

20 g Butter
2 gehäufte EL Vollkorngrieß
1 EL Petersilie, fein gehackt
750 ml Gemüsebrühe
1 gute Prise Liebstöckel
1 Prise geriebene Muskatnuß
1 Eigelb
1 EL Crème fraîche
Salz
schwarzer Pfeffer, frisch gemahlen

Butter in einem Topf schmelzen. Grieß hinzufügen und unter Rühren kurz anrösten. Die Petersilie zugeben, unter Rühren kurz andünsten, mit der Gemüsebrühe aufgießen und mit Liebstöckel und Muskatnuß würzen. Die Suppe aufkochen und ohne Deckel 10 Minuten leicht kochen (zugedeckt kocht die Suppe über!). Das Eigelb mit der Crème fraîche verrühren, die fertige Suppe mit Salz und Pfeffer abschmecken, vom Herd nehmen und die Eimischung mit dem Schneebesen unterrühren.

PILZ-LAUCHCREME-SUPPE

Für 3 Personen

750 ml Gemüsebrühe
1 Lorbeerblatt
1 Prise geriebene Muskatnuß
¼ TL Liebstöckel
schwarzer Pfeffer, frisch gemahlen
150 g Lauch, feine Ringe
200 g Champignons, dünne Scheiben
30 g Butter
Salz
½ Bund Petersilie
1 gestrichener TL Speisestärke
2 EL Weißwein
50 ml Sahne

Gemüsebrühe mit dem Lorbeerblatt, Muskatnuß, Liebstöckel und Pfeffer zugedeckt zum Kochen bringen. In der Zwischenzeit Lauch und Champignons schneiden. Die Butter in einem Topf erhitzen. Lauch und Champignons darin unter Rühren bei guter Hitze 3 Minuten anbraten, leicht salzen, dann mit der kochenden Brühe aufgießen. Die Suppe zugedeckt 5 Minuten köcheln. In dieser Zeit die Petersilie hacken und die Speisestärke mit Weißwein und etwas Wasser glattrühren. Sahne und Weißweinmischung in die Suppe rühren. Das Lorbeerblatt entfernen, die Suppe nochmals kurz aufkochen und mit Petersilie garniert servieren.

GEMÜSE
Drei Vorteile

hat es, Gemüse schnell zu kochen. Der erste: kostbare Zeit wird gespart. Der zweite: wertvolle Vitamine bleiben erhalten und der dritte, der auch Esser überzeugt, die unendlich viel Zeit zur Verfügung haben und die sich aufgrund unverwüstlicher Gesundheit für die Vitamine nicht interessieren: es schmeckt besser. Womit aus der Zeitnot eine Feinschmecker-Tugend wurde.

Die Garzeit richtet sich zum einen nach der Beschaffenheit des Gemüses, zum anderen nach der Größe der einzelnen Stücke. Soll nach 5 bis 10 Minuten Kochzeit ein Gemüsegericht auf dem Tisch stehen, so kochen Sie vom Spinat die ganzen Blätter, Lauch in 1 cm breiten Streifen, Zucchini in 1 bis 2 cm dicken Scheiben, Tomaten in Vierteln und Blumenkohl oder Brokkoli in mundgerechten Stücken. Die härteren Gemüse müssen gleichmäßig dünner geschnitten werden. Karotten, Selleriewurzeln, Kohlrabi werden in 2 bis 3 mm dünne Scheibchen, Paprikaschoten in 3 mm dünne Streifen geschnitten. Die richtige Größe der Gemüsestücke ist auch entscheidend für das gute Gelingen, wenn Sie verschiedene Gemüse in einem Gericht kochen.

Die Kunst des Gemüsekochens fängt beim richtig geschnittenen Gemüse an, so einfach ist es. Richtig schneiden können Sie aber nur mit einem scharfen Messer. Nachdem ich in meiner Laufbahn als Köchin Berge von Gemüse geschnitten habe, empfehle ich Ihnen, ein gutes, großes Küchenmesser und einen Schleifstein anzuschaffen (sollten Sie beides bereits besitzen, brauchen Sie nicht weiterzulesen). Ein gutes, großes Messer ist eine sich langfristig lohnende Investition und rechtfertigt darum seinen Preis. Mit etwas Übung schneiden Sie mit einem großen Messer schneller und genauer als mit einem kleinen. Mit einem stumpfen, kleinen Messer schneiden Sie eher in den Finger, als in die Karotte. Sie ärgern sich, weil das Kleinschneiden so schwer geht, so lange dauert und Sie verlieren die Freude an dieser angeblich blitzartigen Gemüsekocherei. Sehr schade, Ihnen entgehen ungeahnte Gemüsegenüsse. Ich will jetzt nicht den belehrenden Kochlöffel schwingen, aber ohne ein gutes Messer macht das Kochen nur halb so viel Spaß.

KOHLRABI IN ZITRONENSAUCE MIT MINZE

Ganz junge, zarte Kohlrabi werden hier zur Delikatesse. Beim Probekochen habe ich fast das ganze Rezept allein aufgegessen. Damit die Kohlrabi eine kurze Garzeit haben, müssen sie sehr dünn und regelmäßig geschnitten werden. Benutzen Sie dafür einen Gurkenhobel.

Für 2 Personen

30 g Butter
3 junge Kohlrabi, mit einem Gurkenhobel geschnitten
Salz
50 ml Gemüsebrühe
1 Prise abgeriebene Schale einer ungespritzten Zitrone
Saft von ½ Zitrone
1 TL frische Minze, fein gehackt
einige ganze Minzeblättchen

In einer großen Pfanne (von ca. 23 cm Durchmesser) die Butter erhitzen, die Kohlrabi dazugeben, salzen und 5 Minuten bei mittlerer Hitze andünsten, dabei ab und zu umrühren. Brühe und abgeriebene Zitronenschale zufügen und zugedeckt noch 5 Minuten dünsten. Die Kohlrabi sollen noch Biß haben. Zitronensaft und gehackte Minze unterrühren und das Gemüse mit Minze garniert servieren.
Hirse oder Polenta mit Parmesan (S. 16) dazureichen.

GRIECHISCHER GEMÜSETOPF

Für 2 Personen

2 EL Olivenöl
2 Knoblauchzehen, fein gehackt
2 Frühlingszwiebeln, feine Ringe
200 g Champignons, ½ cm dicke Scheiben
200 g Zucchini, 1 cm dicke Scheiben
Salz
1 Prise Thymian
1 Prise Oregano
50 ml Gemüsebrühe
2 mittelgroße Tomaten, Schnitze
8 schwarze Oliven
1 Bund Petersilie, fein gehackt
schwarzer Pfeffer, frisch gemahlen
4 EL saure Sahne

Olivenöl in einer großen Pfanne erhitzen, Knoblauch und Frühlingszwiebeln darin kurz anbraten. Champignons zufügen und unter Rühren 1 Minute anbraten. Zucchini dazugeben, leicht salzen, mit Thymian und Oregano würzen und unter Rühren 2 Minuten braten. Mit der Gemüsebrühe aufgießen und die Gemüse zugedeckt 2 Minuten schmoren lassen. Tomatenschnitze und Oliven zufügen, umrühren und 4 bis 5 Minuten zugedeckt schmoren. In dieser Zeit die Petersilie hacken. Die Gemüsepfanne vom Herd nehmen, die Tomatenschnitze sollen nicht zerfallen und die Zucchini noch schön knackig sein, mit der Petersilie vermischen, mit Pfeffer und Salz abschmecken und mit saurer Sahne servieren.
Dazu schmecken Reis, Hirse oder Polenta mit Parmesan (S. 16).
Statt saurer Sahne können Sie zum fertig gekochten Gemüse auch Schafskäse, in kleinen Stücken, reichen. Dazu passen Vollkornnudeln.
Eine erfrischende Variante: Reichen Sie eine Joghurtsauce mit Gurken und frischer Minze zum griechischen Gemüse.

Petersilie
Petersilie gilt häufig nur als nicht verzehrbare Dekoration. Sehr schade, damit bringt man sich um ein aromatisches, appetitanregendes Kräutlein mit vielen Vitaminen, das es das ganze Jahr überall zu kaufen gibt und das fast in jedem Garten wächst. In den Ländern des östlichen Mittelmeers wird Petersilie in Salaten und Gemüsegerichten üppig verwendet. Wenn Sie also in diesem Buch ab und zu lesen – »Man nehme einen Bund Petersilie« –, so ist das kein Druckfehler.

CHAMPIGNONS À LA CRÈME

Für dieses Gericht brauchen Sie einen Topf mit gut schließendem Deckel.

Für 2 bis 3 Personen

3 EL Olivenöl
400 g mittelgroße Champignons
Salz
1 Prise Basilikum
1 Prise Thymian
1 Prise Oregano
2 EL Weißwein
2 EL Crème fraîche
schwarzer Pfeffer, frisch gemahlen
1 EL Petersilie, fein gehackt

Olivenöl in einem flachen Topf oder einer Pfanne (von ca. 23 cm Durchmesser) erhitzen, Pilze zufügen (sie sollen in einer Schicht den Topfboden bedecken), leicht salzen und bei mäßiger Hitze 3 Minuten anbraten. Basilikum, Thymian und Oregano zugeben. Die Pilze 6 Minuten bei geschlossenem Deckel und mäßiger Hitze schmoren. Weißwein und Crème fraîche verrühren und zu den Pilzen geben. Die Pilze in der Sauce 2 bis 3 Minuten köcheln, und die Sauce etwas einkochen lassen. Mit Salz und Pfeffer abschmecken und mit Petersilie garniert servieren.
Reichen Sie zu den Champignons gewürzte Hirse (S. 15) oder Polenta mit Parmesan (S. 16).

BROKKOLI IN ORANGENSAUCE

Sieht am schönsten mit dem Saft von Blutorangen aus: grasgrün und rosarot.

Für 4 Personen

750 g Brokkoli, Röschen
Salz
125 ml Sahne
125 ml Crème fraîche
½ TL Instant-Gemüsebrühe
weißer Pfeffer, frisch gemahlen
1 Prise abgeriebene Schale von einer ungespritzten Orange oder Zitrone
Saft von 1 Orange
1 gestrichener TL Speisestärke

Brokkoli in Salzwasser in 7 Minuten al dente kochen, abgießen und abtropfen lassen. In dieser Zeit Sahne und Crème fraîche in einem kleinen Topf unter Rühren erhitzen, mit Gemüsebrühe, Pfeffer und abgeriebener Orangen- oder Zitronenschale abschmecken und 2 Minuten leicht kochen. Den Orangensaft unterrühren. Die Speisestärke mit 2 Eßlöffeln kaltem Wasser anrühren und in die Sauce einrühren. Die Sauce kurz aufkochen und vom Herd nehmen. Den Brokkoli auf einer Platte anrichten, mit der Sauce übergießen und sofort servieren.
Schmeckt zu Pfannkuchen, Kartoffelbrei oder Hirse.

BLATTSPINAT

Für 3 Personen

750 g Spinat
Salz

Den gewaschenen Spinat in einem großen Topf kurz in reichlich kochendem Salzwasser blanchieren, bis die Blätter zusammenfallen. Den Spinat in ein Sieb abgießen und gut abtropfen lassen.
In der Zeit bis das Wasser kocht, bereiten Sie die restlichen Zutaten vor oder rühren eine Sauce an.

Spinat
Das Blattgemüse eignet sich aufgrund seiner extrem kurzen Garzeit vorzüglich für die schnelle Küche. Allerdings muß dann die Zubereitungsmethode auch der Garzeit angepaßt sein. Also kein langwieriges Pürieren und nochmaliges Erhitzen mit einer Mehlschwitze. Achten Sie beim Einkauf darauf, daß der Spinat ganz frisch ist, keine welken Blätter hat und nicht mit Unkraut vermischt ist. Die Zeit des Spinatputzens sollte nicht länger dauern als die Zeit des Spinatkochens. Am wenigsten Arbeit macht junger zarter Wurzelspinat, Sie müssen nur das Wurzelende wegschneiden und schon ist der Spinat kochbereit.

BLATTSPINAT MIT KNOBLAUCH UND OLIVENÖL

Für 3 Personen

3 EL Olivenöl
4 Knoblauchzehen, fein gehackt
1 Rezept Blattspinat (S. 64)
Saft von ½ Zitrone
schwarzer Pfeffer, frisch gemahlen
Salz

Olivenöl in einer Pfanne erhitzen, Knoblauch darin kurz anbraten. Den abgetropften Spinat dazugeben, mit dem Olivenöl vermischen, mit Zitronensaft, Pfeffer und Salz abschmecken.
Dazu paßt Polenta mit Parmesan (S. 16).

SPINAT MIT GORGONZOLA

Für 3 Personen

3 EL Olivenöl
3 Knoblauchzehen, dünne Scheiben
1 Rezept Blattspinat (S. 64)
Salz
150 g Gorgonzola, kleine Stücke
schwarzer Pfeffer, frisch gemahlen

Olivenöl in einer großen Pfanne erhitzen, Knoblauch darin goldgelb anbraten, den abgetropften Spinat hinzufügen, unter Rühren kurz mitbraten und leicht salzen. Gorgonzola auf dem Spinat verteilen, den Käse bei geschlossenem Deckel in 2 Minuten schmelzen lassen. Mit Pfeffer abschmecken.
Dazu schmecken Hirse, Kartoffelbrei, Polenta oder Nudeln.

SPINAT IN KOKOS-CURRYSAHNE

Spinat indisch: in cremiger Kokos-Sauce mit einem Hauch Zitronen-Aroma.

Für 2 bis 3 Personen

500 g Spinat
Salz
4 Knoblauchzehen, fein gehackt
2 EL Öl
½ TL Cumin (Kreuzkümmel)
1 Prise Chili
2 EL Kokosflocken, ungesüßt
abgeriebene Schale von ¼ ungespritzten Zitrone
125 ml Sahne

Den gewaschenen Spinat in einem großen Topf kurz in reichlich kochendem Salzwasser blanchieren, bis die Blätter zusammenfallen. Den Spinat in ein Sieb abgießen und gut abtropfen lassen. In dieser Zeit Knoblauch hacken. Öl in einer großen Pfanne erhitzen, Knoblauch darin kurz anbraten. Cumin und Chili zufügen und unter Rühren kurz anbraten. Abgetropften Spinat und Kokosflocken zugeben, ebenfalls kurz anbraten. Abgeriebene Zitronenschale und Sahne mit dem Gemüse vermischen. Das Spinat-Kokos-Curry noch 2 Minuten kochen und die Sahnesauce etwas reduzieren lassen. Mit Naturreis servieren.
Wunderbar schmeckt zum Spinat-Kokos-Curry ein Chutney aus frischen Mangos.

MANGO-CHUTNEY

Chutneys sind süß-saure, scharfe Saucen, die zu Currygerichten gereicht werden. Dieses Chutney wird nicht gekocht und ist im Handumdrehen angerührt. Wenn Sie völkerverbindend essen wollen, reichen Sie das indische Chutney zum chinesischen Gemüse Peking (S. 66), es schmeckt hervorragend.

1 reife Mango, 3 mm große Würfel
2 TL frischer Ingwer, gerieben
Saft von 1 Zitrone
¼ TL Chili
¼ TL Zimt
1 Prise Kardamom
1 EL Honig
1 Prise Salz

Alle Zutaten für das Chutney gut vermischen.

LAUCH-ZUCCHINI-CURRY

Für 2 bis 3 Personen

2 EL Öl
2 Knoblauchzehen, fein gehackt
20 g Mandelsplitter
1½ TL Currypulver
1 Prise Zimt
250 g Lauch, längs halbiert, 2 cm breite Streifen
250 g Zucchini, 1,5 cm dicke Scheiben
Salz
150 ml Gemüsebrühe
1 Prise abgeriebene Zitronenschale von einer ungespritzten Zitrone
1 Tomate, kleine Stücke
1 EL Petersilie, fein gehackt
2 EL saure Sahne

Öl erhitzen, Knoblauch und Mandelsplitter darin kurz anbraten. Curry und Zimt zufügen und unter Rühren kurz anbraten. Lauch und Zucchini untermischen, leicht salzen und unter Rühren 4 Minuten anbraten. Mit der Gemüsebrühe aufgießen, mit abgeriebener Zitronenschale würzen und zugedeckt 4 bis 5 Minuten kochen lassen. In dieser Zeit die Tomate kleinschneiden und die Petersilie hacken. Das Gemüse vom Herd nehmen, es soll noch Biß haben und die saure Sahne unterrühren. Das Curry in einer Schüssel anrichten und mit Tomatenstückchen und Petersilie garnieren.

GURKEN-MINZE-RAITA

Zu indischen Currygerichten werden neben Chutneys auch Raitas gereicht. Raitas sind erfrischende Joghurtsaucen, welche die Schärfe des Currys mildern und zusätzliche Geschmacksvarianten auf den Teller bringen.

2 EL Minze, fein gehackt
½ Gurke, sehr kleine Würfel
250 g Joghurt
Salz

Alle Zutaten gut vermischen. Schmeckt am besten, wenn es einige Zeit im Kühlschrank durchzieht.

Chinesische Gemüsegerichte sind wie eigens erfunden für die schnelle Küche. Die Gemüse werden unter Rühren kurz gebraten und mit einer würzigen Sauce gebunden. Wichtig für das gute Gelingen: Alle Gemüse müssen ihrer Garzeit entsprechend gleichmäßig kleingeschnitten werden! Bevor Sie anfangen zu kochen, müssen sämtliche Zutaten, fertig vorbereitet, in Griffnähe am Herd stehen. (Ausführlicher wird das Kochen chinesischer Gemüsegerichte auf Seite 94 beschrieben.)

GEMÜSE »PEKING«

Lauch, Zucchini, Paprika und Sprossen gebraten mit Tofu.

Für 2 Personen

1 gestrichener TL Speisestärke
2 EL Weißwein
2 EL Sojasauce
2 EL Öl
2 Knoblauchzehen, fein gehackt
1 gelbe Paprikaschote, 3 mm dünne Streifen
Salz
200 g Lauch, längs halbiert, 1 cm dicke Streifen
200 g Zucchini, 1 cm dicke Scheiben
50 g Tofu, kleine Würfel
50 g Mungosprossen (Sojasprossen)

Speisestärke mit Weißwein, Sojasauce und 2 Eßlöffeln kaltem Wasser anrühren. Öl in einer großen Pfanne oder einem Wok erhitzen, Knoblauch darin kurz anbraten. Paprikastreifen zufügen, unter Rühren 2 Minuten braten und leicht salzen. Lauch und Zucchini zugeben, unter Rühren 3 Minuten braten. Tofu und Mungosprossen hinzufügen und unter Rühren 2 Minuten braten. Die angerührte Speisestärke unter die Gemüse mischen, kurz aufkochen. Die Gemüse vom Herd nehmen und auf einer Platte anrichten. Servieren Sie körnigen Naturreis zu dieser Gemüsepfanne.

NUDELGERICHTE

Pasta, damit basta

Fast möchte man meinen, Nudeln seien extra für die schnelle Küche erfunden worden – vor Jahrhunderten, in weiser Voraussicht und voll Verständnis für unser modernes Leben –. Spaghetti sind die eßbaren Strohhalme, zu denen immer wieder dankbar gegriffen wird, drängt die Zeit und werden die Einfälle knapp. Und zugegeben, auch mit der einfachsten Tomatensauce und frisch geriebenem Parmesan schmecken die schlanken Retter vieler Mahlzeiten immer wieder; besonders Kindern, die sich oft ausschließlich davon ernähren könnten. Aber die bewährte Tomatensauce ist nur der Anfang der schnellen Pastaküche. Denn es gibt sie wirklich, die Rezepte, nach denen die Kochzeit der Nudeln gleich der Zubereitungszeit der Sauce ist. Die italienische Küche ist die Lehrmeisterin für diese geniale Art des Kochens, mit minimalem Aufwand maximale Zufriedenheit der Esser zu erreichen.

Sahnig umschmeichelt eine Creme aus Roquefort und Mascarpone die Spaghetti. Der Duft frischer Kräuter vermischt sich mit dem sanften Aroma kalt gepreßten Olivenöls und der fruchtigen Süße der Tomaten. Feurig-scharf würzt eine kleine Peperoni die rasch gebratene Paprika-Tomatensauce. Einen Tip sollten Sie zum guten Gelingen der Gerichte beachten: Nudeln, gekochte Zutaten und rohe Zutaten werden vor dem Servieren in einer heiß ausgespülten Schüssel vermischt. Dazu Salat, in seiner Einfachheit der Pasta angemessen: Knackige Blätter mit knoblauchwürziger Vinaigrette, reife Tomaten, nur mit Olivenöl, frischem Basilikum und wenig Salz gewürzt, oder, ganz klassisch italienisch, der Insalata Mista, bunt gemischt in der Schüssel – jeder richtet ihn sich nach Belieben mit Essig und Öl an. Die gleiche zeitsparende Methode gilt auch für die schmackhafteste Art den Parmesan zu servieren, jeder reibt ihn sich selbst über die Nudeln.

Ein Nudelgericht in 15 Minuten

1. Salzwasser für die Nudeln aufsetzen.
2. Bis das Wasser zu Kochen anfängt, die Saucen-Zutaten kleinschneiden.
3. Nudeln ins kochende Wasser geben.
4. In der Kochzeit der Nudeln die Sauce zubereiten.
5. Nudeln in einem Sieb kurz abtropfen lassen, nicht kalt abschrecken!
6. In einer heiß ausgespülten, abgetrockneten Schüssel Nudeln, Sauce, Käse und sonstige Zutaten vermischen.

SPAGHETTI »PICANTE«

Für 2 bis 3 Personen

150 g Spaghetti
Salz
4 EL Olivenöl
4 Knoblauchzehen, fein gehackt
2 rote Paprikaschoten, 3 mm dünne Ringe
2 gelbe Paprikaschoten, 3 mm dünne Ringe
1 Peperoni, fein gehackt
3 EL Petersilie, fein gehackt
100 ml passierte Tomaten (aus dem Tetra-Pack)
½ EL Kapern
50 g Parmesan, frisch gerieben

Spaghetti in Salzwasser al dente kochen. In dieser Zeit in einer großen Pfanne das Olivenöl erhitzen und den Knoblauch darin goldgelb braten. Paprikaringe und Peperoni zufügen, leicht salzen und bei starker Hitze unter Rühren 3 Minuten braten. Die Pfanne zudecken und das Gemüse bei mittlerer Hitze 4 Minuten schmoren. Petersilie hacken. Die passierten Tomaten zu den Paprikaringen geben, vermischen und kurz erhitzen. In einer vorgewärmten Schüssel die heißen, abgetropften Spaghetti mit dem Gemüse, Kapern, Petersilie und Parmesan vermischen. Mit Salz abschmekken.

SPAGHETTI »COMO CARBONARA«

Für 4 Personen

250 g Vollkorn-Spaghetti
Salz
100 ml Sahne
200 g Räucherkäse, kleine Würfel (S. 33)
4 Eier
3 EL Petersilie, fein gehackt
2 Frühlingszwiebeln, feine Ringe
schwarzer Pfeffer, frisch gemahlen
70 g Parmesan, gerieben

Spaghetti in kochendem Salzwasser al dente kochen. In dieser Zeit Sahne und Räucherkäse bei geringer Hitze kurz erwärmen, bis der Käse schmilzt. In einer Schüssel die Eier verquirlen. Die Spaghetti abgießen, kurz abtropfen lassen und ganz heiß mit den Eiern, der Käsesahnesauce, Petersilie und Frühlingszwiebeln vermischen. Mit Salz und Pfeffer abschmecken und mit Parmesan servieren.

SPAGHETTI »KRETA«

Ein üppiges Gericht mit Spinat und Schafskäse.

Für 2 bis 3 Personen

150 g Vollkorn-Spaghetti
Salz
500 g Spinat
3 EL Olivenöl
3 Knoblauchzehen, fein gehackt
2 Tomaten, kleine Würfel
150 g Schafskäse (Feta), kleine Würfel
8 schwarze Oliven
schwarzer Pfeffer, frisch gemahlen
2 Frühlingszwiebeln, feine Ringe

Spaghetti in Salzwasser al dente kochen. In dieser Zeit den Spinat mit etwas Salz in einem geschlossenen Topf in 5 Minuten zusammenfallen und in einem Sieb abtropfen lassen. Öl in einer großen Pfanne erhitzen, Knoblauch darin kurz anbraten. Den abgetropften Spinat hinzufügen und unter Rühren kurz anbraten. In einer vorgewärmten Schüssel die abgetropften, heißen Spaghetti, Tomatenwürfel, Schafskäse und Oliven vermischen, pfeffern und mit Frühlingszwiebeln garnieren.

SPAGHETTI MIT PILZEN, WALNÜSSEN UND MINZE

Für 2 bis 3 Personen

150 g Spaghetti
Salz
3 EL Olivenöl
2 Knoblauchzehen, fein gehackt
300 g Champignons, dünne Scheiben
1 TL Zitronensaft
1 Prise abgeriebene Schale von einer ungespritzten Zitrone
50 g Walnüsse, grob gehackt
1 Tomate, kleine Würfel
50 g Parmesan, frisch gerieben
12 Blättchen frische Minze, gehackt
schwarzer Pfeffer, frisch gemahlen

Spaghetti in reichlich Salzwasser al dente kochen. In dieser Zeit das Öl in einer Pfanne erhitzen, Knoblauch darin kurz anbraten, Champignons hinzufügen, unter Rühren 3 Minuten braten, salzen, mit Zitronensaft und Zitronenschale abschmecken. In einer vorgewärmten Schüssel die abgetropften, heißen Spaghetti mit Champignons, Walnüssen, Tomatenwürfeln, Parmesan und Minze vermischen, mit Salz und Pfeffer abschmecken.

DREIKÄSEHOCH-MAKKARONI

Für 4 Personen

250 g Makkaroni
Salz
100 ml Sahne
1 Prise Chili
50 g Gorgonzola, Stücke
100 g Parmesan oder Pecorino, frisch gerieben
100 g Emmentaler, gerieben

Makkaroni in reichlich Salzwasser al dente kochen. In der Zwischenzeit die Sahne in einem kleinen Topf erhitzen, Chili und Gorgonzola hinzufügen. Gorgonzola schmelzen lassen, den restlichen Käse zugeben und unter Rühren kurz erhitzen. Die abgetropften, heißen Makkaroni in einer vorgewärmten Schüssel mit der Käsesauce vermischen, eventuell mit etwas Chili und Salz nachwürzen und sofort servieren.

SPAGHETTI MIT AUSTERNPILZEN UND SAHNE

Für 2 bis 3 Personen

150 g Spaghetti
Salz
3 EL Olivenöl
2 Knoblauchzehen, fein gehackt
300 g Austernpilze, mundgerechte Stücke
70 ml Sahne
1 EL Weißwein
50 g Parmesan, frisch gerieben
1 EL Petersilie, fein gehackt
schwarzer Pfeffer, frisch gemahlen

Spaghetti in reichlich Salzwasser al dente kochen. In dieser Zeit das Öl in einer großen Pfanne erhitzen, Knoblauch darin kurz anbraten. Austernpilze zufügen, salzen und 5 Minuten unter Rühren anbraten. Mit Sahne und Weißwein aufgießen, die Sauce 1 bis 2 Minuten einkochen lassen. In einer vorgewärmten Schüssel die abgetropften, heißen Spaghetti, Pilze, Parmesan und Petersilie vermischen. Mit Salz und Pfeffer abschmecken.

SPAGHETTI »JARDIN«

Für 3 Personen

200 g Spaghetti
Salz
300 g Zucchini, 3 mm dünne Scheiben
3 Tomaten, geviertelt
3 EL Olivenöl
3 Knoblauchzehen, fein gehackt
1 Prise Thymian
1 Prise Oregano
20 g Pinienkerne
60 g Parmesan
3 EL frisches Basilikum, fein gehackt
schwarzer Pfeffer, frisch gemahlen

Für die Spaghetti reichlich Salzwasser zum Kochen bringen. In der Zwischenzeit Zucchini und Tomaten kleinschneiden. Spaghetti in 7 bis 10 Minuten al dente kochen. In dieser Zeit das Olivenöl in einer großen Pfanne erhitzen, Knoblauch darin kurz anbraten, Zucchini zufügen, leicht salzen und unter Rühren 3 Minuten braten. Tomaten untermischen, mit Thymian und Oregano würzen, und die Gemüse zugedeckt 3 Minuten dünsten. Die Tomatenviertel dürfen nicht zerfallen. In einer vorgewärmten Schüssel die abgetropften, heißen Spaghetti mit dem Gemüse, Pinienkernen, Parmesan und Basilikum vermischen. Salzen, pfeffern und sofort servieren.

RIGATONI MIT KRÄUTERN UND TOMATEN

Basilikum, Kerbel, Petersilie und Schnittlauch – eine reizvolle Kräutermischung.

Für 3 Personen

150 g Vollkorn-Rigatoni oder breite Nudeln
500 g Tomaten, abgezogen und geviertelt oder Tomaten aus der Dose
Salz
3 EL Olivenöl
4 Knoblauchzehen
3 EL Basilikum, fein gehackt
30 g Kerbel, fein gehackt
1 EL Petersilie, fein gehackt
1 EL Schnittlauch, fein gehackt
40 g Parmesan, frisch gerieben
schwarzer Pfeffer, frisch gemahlen

Bringen Sie gleichzeitig das Wasser für die Nudeln und das Anbrühwasser für die Tomaten zum Kochen. Die Tomaten kurz anbrühen, abgießen, Haut abziehen und vierteln. Die Spaghetti im Salzwasser in 8 bis 10 Minuten al dente kochen. In dieser Zeit das Olivenöl in einer großen Pfanne erhitzen, Knoblauch darin goldgelb anbraten, die Tomatenviertel hinzufügen, salzen, unter Rühren kurz anbraten und bei geschlossener Pfanne 8 Minuten dünsten. Die Tomatenviertel dürfen nicht zerfallen. In der Zwischenzeit die Kräuter hacken. In einer vorgewärmten Schüssel die abgetropften, heißen Nudeln, Tomaten, die Kräuter und den Parmesan gut vermischen. Mit Salz und Pfeffer abschmecken und sofort servieren.

SPAGHETTI MIT ROQUEFORTCREME

Für 3 bis 4 Personen

250 g Vollkorn-Spaghetti
Salz
2 EL Mascarpone
150 ml Sahne
200 g Edelschimmelkäse (Roquefort, Bergader etc.), kleine Stücke
schwarzer Pfeffer, frisch gemahlen
50 g Parmesan, frisch gerieben

Spaghetti in reichlich Salzwasser al dente kochen. In dieser Zeit Mascarpone und Sahne in einem kleinen Topf unter Rühren erwärmen und 2 Minuten leicht kochen. Den Edelschimmelkäse zufügen, die Hitze reduzieren und den Käse unter Rühren schmelzen lassen (nicht mehr kochen!). In einer vorgewärmten Schüssel die abgetropften, heißen Spaghetti mit der Käsesauce vermischen. Mit reichlich frischem Pfeffer bestreut servieren. Reichen Sie den geriebenen Parmesan zu den Nudeln.

ALLES AUS EINER PFANNE

Die internationale Resteküche

Reste werden rund um den Globus in der großen Pfanne zu satt machenden Lieblingsgerichten verbraten, die gar nichts vom negativen Beigeschmack des »übrig gebliebenen Seins« an sich haben. In Schwaben: Spätzle mit Ei. In Thailand: Reis mit Gemüse. In Tirol: Knödel mit Ei. In Indien: Kartoffeln mit Spinat. Essenserfahrungen in nahen und fernsten Ländern verlängern die Liste beliebig.

Wenn Sie erst einmal den kohlehydratreichen Grundstock für die Restepfanne haben, genügt ein schneller Blick ins Gemüsefach und das Essen steht fast schon auf dem Tisch. Gewürze, die aus den Einzelbestandteilen eine wohlschmeckende Komposition machen, sind, da lange haltbar, immer problemlos griffbereit. Inspizieren Sie Ihre Nußvorräte, bevor Sie mit dem Kochen anfangen. Mandelsplitter, Kokosflocken, Erdnüsse oder Sonnenblumenkerne werden zur Abrundung des Gerichtes in der großen Pfanne mitgebraten. Eine beschränkte Auswahl an Zutaten muß keine Einschränkung des guten Geschmacks bedeuten. Die Kochkunst fängt nicht erst an, wenn Sie sämtliche luxuriöse Zutaten und verschwenderisch viel Zeit zur Verfügung haben. Jeden Tag findet sie statt, mit dem halbleeren Kühlschrank und 15 Minuten bis zum Essen. Sie haben noch 2 Karotten, ½ Stange Lauch, 1 Paprikaschote, 6 Spinatblätter, gekochten Reis, ein Stück Salatgurke und einen Becher Joghurt? Damit sind Sie bestens gerüstet für einen curry- und chili-gewürzten indischen Gemüsereis mit Gurken-Joghurtsauce (S. 66). Die Rezeptvorschläge in diesem Kapitel lassen sich variieren und Ihrer ganz persönlichen Restelage anpassen.

Das Kochen mit Resten, die dreifache Zeitersparnis: Sie sparen Zeit beim Kochen, weil Sie die Hälfte der Arbeit schon beim letzten Mal ohne mehr Arbeitsaufwand miterledigt haben. Ob Sie 250 g Nudeln kochen oder 500 g bleibt sich gleich. Sie sparen Zeit beim Abwaschen. Alle Gerichte werden von Anfang bis Ende in einer Pfanne zubereitet und auch in dieser serviert. Und Sie sparen Zeit beim Einkaufen. Kochen Sie erst ihren Kühlschrank leer, bevor Sie wieder Einkaufen gehen. Sie werden sich wundern, wie viele Hauptgerichte noch in einem Kühlschrank stekken, angesichts dessen vermeintlicher Öde der Entsetzensschrei ertönt: »Die Läden sind zu und überhaupt nichts zum Essen da!«

»Aus dem Reste nur das Beste«, meinte schon Wilhelmina Husch, begnadete Dichterin und praktische Frau, darum auch begeisterte Resteköchin.

FRANZÖSISCHE LAUCH-KARTOFFEL-PFANNE MIT BRIE

Um die Garzeit des Lauchs zu verkürzen, schneiden Sie den Lauch zuerst der Länge nach durch und dann in Querstreifen.

Für 2 bis 3 Personen

2 EL Olivenöl
300 g Lauch, längs halbiert, 1 cm breite Streifen
500 g gekochte Kartoffeln, dünne Scheiben
Salz
1 Prise geriebene Muskatnuß
1 Prise Piment
50 ml Milch
1 EL Sahne
150 g Brie, dünne Scheiben

Olivenöl in einer großen Pfanne erhitzen, Lauch unter Rühren darin 2 Minuten bei guter Hitze anbraten, dann 3 Minuten bei geringer Hitze dünsten. In der Zwischenzeit die Kartoffeln in dünne Scheiben schneiden und unter den Lauch mischen. Mit Salz, Muskat und Piment abschmecken und unter Rühren bei guter Hitze kurz anbraten. Milch und Sahne zufügen, und alles zugedeckt 8 Minuten bei geringer Hitze schmoren. Den Käse in dünne Scheiben schneiden. Dann auf den Gemüsen gleichmäßig verteilen und kurz bei geschlossenem Deckel schmelzen lassen.

GEBRATENE KARTOFFELN MIT SPINAT

Diese beliebte Kombination einmal mit indischen Gewürzen.

Für 2 bis 3 Personen

500 g Spinat
Salz
3 EL Öl
2 Knoblauchzehen, fein gehackt
1 TL Cumin (Kreuzkümmel)
1 TL Koriander
1 Prise Chili
500 g gekochte Kartoffeln, dünne Scheiben
50 ml Gemüsebrühe
4 EL saure Sahne

Spinat mit etwas Salz in einem geschlossenen Topf bei mittlerer Hitze in 5 Minuten zusammenfallen und in einem Sieb abtropfen lassen. Öl in einer großen Pfanne erhitzen, Knoblauch darin kurz anbraten, die Gewürze hinzufügen, unter Rühren kurz anbraten, die Kartoffelscheiben untermischen, salzen und 5 Minuten braten. Mit der Gemüsebrühe aufgießen und zugedeckt 2 Minuten dünsten. Den abgetropften Spinat unter die Kartoffeln mischen, 1 Minute mitbraten und mit Salz abschmecken. Die Gemüsepfanne vom Herd nehmen, 2 EL saure Sahne unterrühren und mit der restlichen sauren Sahne garniert servieren.

KNOBLAUCH-TORTILLA

Schmeckt heiß und kalt und eignet sich gut für ein sommerliches Picknick.

Für 2 Personen

4 Eier
schwarzer Pfeffer, frisch gemahlen
Salz
3 EL Olivenöl
4 Knoblauchzehen, dünne Scheibchen

Eier verrühren, mit Pfeffer und Salz abschmecken. In einer kleinen Pfanne ½ Eßlöffel Öl erhitzen, Knoblauch darin goldgelb anbraten. Knoblauch unter die Eier rühren.

1 Eßlöffel Olivenöl erhitzen und die Eiermasse in die Pfanne gießen. Die Eier stocken lassen, schon festes Ei vom Rand der Pfanne mit dem Kochlöffel in die Mitte schieben. Wenn das Eis fast fest ist, die Pfanne zudecken und das Ei vollständig stocken lassen. Die Tortilla auf einen Teller stürzen.

Das restliche Olivenöl erhitzen, die Tortilla in die Pfanne gleiten lassen und auch auf der zweiten Seite goldgelb backen.

Mit bulgarischem Bauernsalat (S. 32) und Vollkornbrot ist die Tortilla ein schnelles Sommeressen. Schmeckt auch zu indischem Kartoffelsalat (S. 35).

GRIECHISCHE KARTOFFELPFANNE MIT PAPRIKA UND SCHAFSKÄSE

Für 2 bis 3 Personen

4 EL Olivenöl
4 Knoblauchzehen, dünne Scheiben
1 rote Paprikaschote, 3 mm dünne Streifen
1 gelbe Paprikaschote, 3 mm dünne Streifen
1 grüne Paprikaschote, 3 mm dünne Streifen
¼ TL Oregano
Salz
400 g gekochte Kartoffeln, dünne Scheiben
2 Tomaten, Würfel
¼ TL Paprikapulver, scharf
¼ TL Rosenpaprika, edelsüß
150 g Schafskäse (Feta), kleine Würfel
2 Frühlingszwiebeln, feine Ringe

Olivenöl in einer großen Pfanne erhitzen, Knoblauch darin kurz anbraten, Paprikastreifen zufügen, bei starker Hitze unter Rühren 2 Minuten anbraten, mit Oregano und Salz würzen und bei geringer Hitze 3 Minuten dünsten. In dieser Zeit die Kartoffeln und Tomaten kleinschneiden. Kartoffelscheiben in die Pfanne geben, mit den Paprikastreifen vermischen, kurz anbraten, Tomatenwürfel und Paprikapulver zufügen, mit Salz abschmekken und unter Rühren kurz anbraten. Die Gemüsepfanne zugedeckt 5 Minuten bei mittlerer Hitze schmoren lassen. In dieser Zeit Schafskäse und Frühlingszwiebeln kleinschneiden und das fertige Gericht damit garnieren.

GEBRATENER INDONESISCHER GEMÜSEREIS

Für 2 bis 3 Personen

3 EL Öl
2 Knoblauchzehen, fein gehackt
½ Zwiebel, fein gehackt
50 g Mandeln
1½ TL Currypulver
1 rote Paprikaschote, 1 cm breite Ringe
100 g Brokkoli, kleine Röschen
100 g Zucchini, 1 cm dicke Scheiben
100 g Lauch, längs halbiert, 1 cm breite Streifen
Salz
100 ml Gemüsebrühe
1 Tomate, kleine Würfel
1 EL Petersilie oder frischer Koriander, fein gehackt
300 g gekochter Naturreis
1½ EL Sojasauce

Öl in einer großen Pfanne erhitzen. Knoblauch, Zwiebeln und Mandeln darin 2 Minuten bei mittlerer Hitze anbraten. Currypulver zufügen und unter Rühren kurz anbraten. Paprikaschote und Brokkoli zugeben und unter Rühren 2 Minuten anbraten. Zucchini und Lauch zufügen, die Gemüse salzen, unter Rühren 2 Minuten anbraten, mit der Gemüsebrühe aufgießen und eventuell mit Currypulver nachwürzen. Die Gemüse zugedeckt 6 Minuten dünsten. In dieser Zeit die Tomate kleinschneiden und die Petersilie hacken. Reis und Sojasauce zu den Gemüsen geben, alles gut vermischen und unter Rühren braten, bis der Reis heiß ist. Den Gemüsereis mit Tomatenwürfeln und Petersilie garnieren.
Reichen Sie Naturjoghurt oder ein Gurken-Minze-Raita (S. 66) dazu.

GEBRATENER KOKOSGEWÜRZREIS MIT TOFU

Für 2 bis 3 Personen

3 EL Öl
3 Knoblauchzehen, fein gehackt
½ TL Cumin (Kreuzkümmel)
½ Koriander
½ Curry
100 g Karotten, 3 mm dünne Scheiben
1 Stiel Stangensellerie, 3 mm dünne Scheiben
Salz
100 g Champignons, 5 mm dünne Scheiben
100 g Tofu, kleine Würfel
50 g Mungosprossen (Sojasprossen)
2 EL Kokosflocken, ungesüßt
300 g gekochter Naturreis
2 EL Sojasauce
1 Prise abgeriebene Schale von einer ungespritzten Zitrone
2 Frühlingszwiebeln, feine Ringe
1 EL Petersilie oder frischen Koriander, fein gehackt

Öl in einer Pfanne oder einem Wok erhitzen, Knoblauch darin kurz anbraten. Cumin, Koriander, Curry hinzufügen und unter Rühren kurz anbraten. Karotten und Selleriescheiben zufügen, unter Rühren 3 Minuten braten und leicht salzen. Champignons, Tofu und Mungosprossen hinzufügen und unter Rühren 1 Minute braten. Kokosflocken mit den Gemüsen vermischen und kurz mitbraten. Reis ebenfalls untermischen, mit Sojasauce und abgeriebener Zitronenschale würzen und unter Rühren braten, bis der Reis heiß ist. Auf einer Platte anrichten, mit Frühlingszwiebeln und Petersilie garnieren.
Dazu paßt ein Mango-Chutney (S. 65).

THAILÄNDISCHER REIS MIT SPIEGELEI

Für 2 Personen

2 EL Öl
1 Knoblauchzehe, fein gehackt
1 Karotte, 3 mm dünne Scheiben
50 g Sellerie, 3 mm dünne Stifte
80 g Weißkraut, 3 mm dünne Streifen
50 g Mungosprossen (Sojasprossen)
1 Handvoll Spinatblätter
200 g gekochter Naturreis
1 gute Prise Chili
2 EL Sojasauce
½ EL Butter
2 Eier
Salz
1 Frühlingszwiebel, feine Ringe

Öl in einer großen Pfanne oder einem Wok erhitzen, Knoblauch darin kurz anbraten. Karotte, Sellerie und Weißkraut zufügen und unter Rühren 3 Minuten braten. Sprossen zugeben und unter Rühren 1 Minute braten. Spinat zufügen und unter Rühren zusammenfallen lassen. Den Reis mit den Gemüsen vermischen und das Gericht unter Rühren 2 Minuten braten. Chili und Sojasauce zugeben, noch 1 Minute braten, zudecken und bei geringer Hitze warm halten. In einer Pfanne die Butter schmelzen und 2 Spiegeleier braten. Die Eier leicht salzen. Den Gemüsereis mit den Eiern auf einer Platte anrichten und mit Frühlingszwiebeln garniert servieren. Reichen Sie als zusätzliches Würzmittel Gomasio dazu (S. 16).

CHINESISCHE GEBRATENE NUDELN

Für 2 bis 3 Personen

2 EL Sojasauce
2 EL Weißwein
½ TL Honig
1 Prise Chili
1 gestrichener EL Speisestärke
2 EL Öl
1 Knoblauchzehe, fein gehackt
1 rote Paprikaschote, 3 mm feine Streifen
Salz
100 g Brokkoli, kleine Röschen
100 g Champignons oder Austernpilze, dünne Scheiben
100 g Lauch, längs halbiert, 5 mm breite Streifen
50 g Mungosprossen (Sojasprossen)
300 g gekochte Vollkorn-Spaghetti
1 EL Petersilie, fein gehackt
2 EL geröstete Erdnüsse

Sojasauce, Weißwein, Honig, Chili und Speisestärke verrühren. Öl in einer Pfanne oder einem Wok erhitzen, Knoblauch darin kurz anbraten. Paprikastreifen zufügen, unter Rühren 3 Minuten braten und leicht salzen. Brokkoli, Champignons und Lauch zugeben und unter Rühren 4 Minuten braten. Sprossen hinzufügen und unter Rühren kurz braten. Nudeln unter das Gemüse mischen, unter Rühren braten bis die Nudeln heiß sind. Sojasaucenmischung unterrühren und kurz erhitzen, bis die Sauce eindickt. Die Nudeln auf einer Platte anrichten, mit Petersilie und Erdnüssen garniert servieren.

GEBRATENE NUDELN MIT ZUCCHINI UND KNOBLAUCH

Für 2 Personen

20 g Butter
3 Knoblauchzehen, dünne Scheiben
300 g Zucchini, 3 mm dünne Scheiben
Salz
300 g gekochte Vollkornspaghetti
40 g Parmesan, frisch gerieben
schwarzer Pfeffer, frisch gemahlen
1 EL Basilikum oder Petersilie, fein gehackt

Die Butter in einer großen Pfanne schmelzen. Knoblauch darin kurz anbraten. Zucchini hinzufügen, 3 Minuten anbraten (die Zucchini dürfen noch nicht glasig sein) und salzen. Nudeln dazugeben, mit den Zucchini vermischen und alles unter Rühren erhitzen. Den Parmesan unterrühren, salzen und pfeffern. Vom Herd nehmen und Basilikum oder Petersilie untermischen.

TRENTINER NUDELN

Für 2 bis 3 Personen

30 g Butter
400 gekochte Vollkornnudeln
2 Eier
2 EL Milch
Salz
schwarzer Pfeffer, frisch gemahlen
40 g Emmentaler, gerieben
1 mittelgroße Tomate, sehr kleine Würfel
2 Frühlingszwiebeln, feine Ringe
1 EL Petersilie, fein gehackt
2 Knoblauchzehen, fein gehackt
20 g Parmesan, frisch gerieben

Die Butter in einer großen Pfanne schmelzen. Die Nudeln unter Rühren darin erhitzen. Die Eier mit Milch verquirlen, mit Salz und Pfeffer würzen, über die Nudeln gießen und unter Rühren stocken lassen (das Ei auf dem Pfannenboden darf nicht braun werden). Die Pfanne vom Herd nehmen. Die Nudeln mit Emmentaler, Tomatenwürfeln, Frühlingszwiebeln, Petersilie und Knoblauch vermischen, eventuell mit Salz abschmecken. Trentiner Nudeln in der Pfanne servieren, den Parmesan dazu reichen.
Probieren Sie dieses Rezept auch einmal mit Sojanudeln.

IN 15 BIS 30 MINUTEN ZUBEREITET

SALATE
Für jede Gelegenheit

Lassen Sie sich bei diesen Rezepten von langen Zutatenlisten nicht er- und abschrecken. Die langen Zutatenlisten bedeuten weder komplizierte, langwierige Arbeit noch zeitintensives Einkaufen in den verschiedensten Geschäften. Die lange Zutatenliste kommt durch die Gewürze zustande. Die Gewürze stehen auf ihren Einsatz wartend im Regal. Im Nu ist der Salat abgeschmeckt, exotisch mit Cumin, Kardamom und Chili oder südeuropäisch mit Thymian, Oregano und Basilikum. Gewürze sind ein Segen für die schnelle Küche. Durch Gewürze werden die einfachsten Zutaten zu exquisiten Gerichten, ganz ohne zusätzlichen Arbeitsaufwand. Sie müssen nur richtig dosieren (und die Gewürze im Schrank stehen haben).

Mit einem Salat als Vorspeise können Sie das festlichste Mahl gebührend eröffnen. Einen besonderen Pfiff bekommt die Vorspeise, wenn Sie einen Salat servieren, in dem sich heiß und kalt vermischen. Die Befürchtung, daß das Ganze zu einer lauen Angelegenheit wird, ist unbegründet. Gebratene Pilze auf Kresse und Feldsalat (S. 81) oder Salat »Java« mit gebratenen Mungosprossen und Tofu (S. 82) dürften nicht dazu geeignet sein, kulinarische Langeweile aufkommen zu lassen.

Manchmal ist ein Salat vonnöten, der, fix und fertig zubereitet, auch noch nach Stunden frisch aussieht und frisch schmeckt. Denken Sie an ein kaltes Buffet, auf ihm verliert ein Blattsalat oder ein Salat von rohen Gemüsen schnell seinen Reiz. Traurig schwimmen zusammengefallene Salatblätter in der Sauce, werden Tomaten und Gurkenscheiben schlapp und unattraktiv. Gekochte, marinierte Gemüse schmecken im Lauf des Abends, je länger sie durchziehen, immer besser und sehen gleichbleibend appetitlich aus. Brokkoli, Pilze und Karotten in Weißwein-Marinade (S. 85), ein Hit auf Ihrem Buffet.

Große Feste, viele Gäste, wenig Zeit, und viel kosten soll's auch nicht. Da hilft nur einer, der Salat aus marinierten Hülsenfrüchten: Er läßt sich in rauhen Mengen einfach herstellen und kostet wenig. Trotzdem müssen die Gäste auf Raffinesse nicht verzichten. Die richtige Würze macht den ganzen Unterschied, ein arabischer Linsensalat mit frischer Minze (S. 85) macht satt und hinterläßt das angenehme Gefühl, etwas Besonderes gegessen zu haben.

Zum Hauptgericht wird der Salat, enthält er Käse, hartgekochte Eier oder Tofu. Proteine im Salat, dazu ein Stück Vollkornbrot, und die ausgewogene Ernährung ist gesichert.

FELDSALAT MIT CHAMPIGNONS UND KRESSE

Für 4 Personen

Saft von ½ Zitrone
1 EL Essig
1 Knoblauchzehe, fein gehackt
½ EL Sojasauce
½ TL Honig
1 Prise Chili
150 g Feldsalat
2 EL Öl
150 g Champignons, dünne Scheiben
Salz
2 Frühlingszwiebeln, feine Ringe
3 EL Kresse

1 Teelöffel Zitronensaft beiseite stellen. Den restlichen Zitronensaft, Essig, Knoblauch, Sojasauce, Honig und Chili zu einer Marinade verrühren. Feldsalat in einer Schüssel anrichten. Öl in einer Pfanne erhitzen, die Pilze darin unter Rühren 2 bis 3 Minuten anbraten, leicht salzen und mit 1 Teelöffel Zitronensaft beträufeln (dadurch werden die Pilze wieder hell). Die Pilze, auf den Feldsalat geben, die Marinade über den Salat gießen, mit Frühlingszwiebeln und Kresse garnieren.
Oder Sie mischen den Salat erst am Tisch mit der Sauce.
Sie können den Salat auch mit Austernpilzen oder japanischen Shiitake-Pilzen zubereiten.

GRÜNE BOHNEN MIT TOMATEN-VINAIGRETTE

Für 3 bis 4 Personen

500 g grüne Bohnen

Vinaigrette:
3 Tomaten, sehr kleine Würfel
½ Zwiebel, fein gehackt
2 Knoblauchzehen, fein gehackt
1 großer Bund Petersilie, fein gehackt
3 EL Essig
4 EL Öl
schwarzer Pfeffer, frisch gemahlen
Salz

Bohnen in einem Einsatz über kochendem Wasser zugedeckt in 7 bis 10 Minuten al dente dämpfen. Die Zutaten für die Vinaigrette verrühren und mit den gedämpften Bohnen vermischen. Den Salat einige Zeit durchziehen lassen.

CHINESISCHER SALAT MIT ENDIVIEN, KAROTTEN UND ORANGEN

Für 4 Personen

½ EL ungeschälte Sesamkörner
1 kleiner Endiviensalat, feine Streifen
2 Knoblauchzehen, fein gehackt
2 große Orangen, filetiert
2 EL Öl
200 g Karotten, 3 mm feine Stifte
1 Prise Chili
1 EL Sojasauce
1 Frühlingszwiebel, feine Ringe

Sesamkörner in einer trockenen Pfanne anrösten, bis sie anfangen hochzuspringen, dann beiseite stellen. Endiviensalat und Knoblauch in eine Schüssel geben. Die Orangen über der Schüssel mit Endiviensalat filetieren (S. 35), damit der heruntertropfende Saft aufgefangen wird. Den restlichen Saft aus den filetierten Orangen drükken. In einer Pfanne oder einem Wok das Öl erhitzen, die Karottenstifte darin mit 1 Prise Chili 2 Minuten unter Rühren anbraten, mit der Sojasauce ablöschen und mit dem Salat vermischen. Den Salat mit Frühlingszwiebeln und geröstetem Sesam garnieren.

SALAT »JAVA« MIT INGWER-VINAIGRETTE UND KOKOSFLOCKEN

Eine attraktive Vorspeise, um sich auf ein fernöstliches Essen einzustimmen. Das Rezept sieht auf den ersten Blick kompliziert aus. Ist es aber nicht, von den vielen Zutaten sind die meisten Würzmittel, die Sie vorrätig haben können. Ansonsten ist die Zubereitung einfach.

Für 4 Personen

Kokosflocken:
1 EL Kokosflocken
¼ TL Cumin
¼ TL Koriander
1 Prise Kardamom
1 Prise Chili
abgeriebene Schale von ¼ ungespritzten Zitrone
Salz

Vinaigrette:
1 EL Sojacauce
1 EL Essig
Saft von 1 Zitrone
½ TL frischer Ingwer, gerieben
1 Knoblauchzehe, gepreßt
3 EL Öl

Salat:
1 mittlerer Eissalat, mundgerechte Stücke
1 rote Paprikaschote, 2 mm dünne Streifen
1 Karotte, 2 mm feine Stifte
2 Mandarinen, Schnitze
1 EL Öl
100 g Tofu, kleine Würfel
1 EL Sojasauce
100 g Mungosprossen (Sojasprossen)
2 Frühlingszwiebeln, feine Ringe

Kokosflocken: In einer trockenen Pfanne Kokosflocken und Gewürze unter Rühren kurz anrösten, Zitronenschale und 1 Prise Salz unterrühren, sofort vom Herd nehmen und in eine kleine Schüssel geben.
Vinaigrette: Alle Zutaten miteinander verrühren.
Salat: Eissalat, Paprikastreifen, Karottenstifte und Mandarinenschnitze auf einer großen Platte anrichten. Öl in einer Pfanne oder einem Wok erhitzen. Tofuwürfel darin 2 Minuten unter Rühren anbraten, dann mit der Sojasauce ablöschen. Tofuwürfel unter Rühren weiter erhitzen, bis die Flüssigkeit verdampft ist. Mungosprossen zufügen und eine Minute mitbraten. Tofu und Mungosprossen auf den Salat geben, die Vinaigrette über dem Salat verteilen und mit Frühlingszwiebeln und gerösteten Kokosflocken garnieren.
Weil's so schön aussieht, den Salat erst auf dem Tisch vermischen.

PIKANTER BOHNENSALAT

Ein würziger, sättigender Salat.

Für 4 Personen

250 g Wachtelbohnen
1 Stück Muskatblüte
1 Nelke
1 Lorbeerblatt
1 Zwiebel, fein gehackt
2 Knoblauchzehen, fein gehackt
1 in Essig eingelegte scharfe Peperoni, fein gehackt oder 1 gute Prise Chili
1 Bund Petersilie, fein gehackt

Vinaigrette:
1 EL Hefeflocken
5 EL Olivenöl
4 EL Essig
Salz

Die Wachtelbohnen 6 Stunden in kaltem Wasser einweichen. Abgießen und abtropfen lassen. Die Bohnen im Schnellkochtopf mit 800 ml kaltem Wasser, Muskatblüte, Nelke und Lorbeerblatt zum Kochen bringen. Den Topf verschließen und die Bohnen unter Druck 25 Minuten kochen. In dieser Zeit Zwiebel, Knoblauch, Peperoni und Petersilie kleinschneiden und die Zutaten für die Vinaigrette verrühren. Die Bohnen abgießen, abtropfen lassen, mit der Vinaigrette und den übrigen Zutaten mischen und 1 Stunde durchziehen lassen.

SPINATSALAT »SARDA« MIT SCHAFSKÄSE

Die Spinatblätter werden nur ganz kurz in heißem Olivenöl gewendet, daß sie noch knackig aber schon leicht erwärmt sind, und als Salat mit Tomaten, Schafskäse, schwarzen Oliven, Kapern und kräuterwürziger Vinaigrette serviert.

Hauptgericht für 2 Personen, Vorspeise für 3 Personen

Saft von ½ Zitrone
1 EL Essig
Salz
1 Knoblauchzehe, fein gehackt
1 Prise Oregano
1 Prise Thymian
1 Prise Basilikum
4 EL Olivenöl
200 g Spinat
150 g Schafskäse, kleine Würfel
2 Tomaten, kleine Schnitze
2 TL Kapern
8 schwarze Oliven
½ rote Zwiebel, feine Ringe
Pfeffer, frisch gemahlen

Aus Zitronensaft, Essig, Salz, Knoblauch, Oregano, Thymian und Basilikum eine Marinade anrühren. In einem großen, flachen Topf das Olivenöl erhitzen, den Spinat zufügen und im Olivenöl mit 2 Löffeln wenden, bis der Spinat anfängt zusammenzufallen (ca. 1 Minute). Die Blätter müssen noch knackig, aber rundum mit heißem Öl überzogen sein. Den Spinat mit Schafskäse, Tomaten, Kapern, Oliven und Zwiebeln in eine Schüssel geben und mit der Marinade vermischen. Zuletzt mit Pfeffer übermahlen.
Wenn Sie den Salat für eine größere Personenzahl zubereiten wollen und das Rezept verdoppeln, müssen Sie den Spinat auf zweimal zubereiten. 400 g Spinat hat ein zu großes Volumen, um gleichmäßig kurz erwärmt und mit Öl überzogen zu werden.

Gemüse im Wasserdampf garen
Eine besonders schonende, aromaerhaltende und sehr unproblematische Zubereitungsweise. Das kleingeschnittene Gemüse wird in einem Siebeinsatz über kochendem Wasser gedämpft. Das geschieht ohne Schnellkochtopf und Druck. Das kleingeschnittene Gemüse hat eine so kurze Garzeit, daß es im Schnellkochtopf leicht viel zu weich wird. Sie brauchen nur einen normalen Kochtopf, ein Metallsieb und einen Topfdeckel. Wenn Sie Gefallen an dieser Kochmethode finden, können Sie sich auch einen preisgünstigen Metalldünsteinsatz anschaffen, der sich fächerförmig verschiedenen Topfgrößen anpaßt. Was Sie bei dieser Kochmethode beachten müssen: Das Wasser darf nicht mit dem Gemüse in Berührung kommen. Der Topfdeckel soll gut abschließen, damit möglichst kein Dampf entweicht.

MARINIERTER BLUMENKOHL À LA GRÈQUE

Für 4 Personen

1 großer Blumenkohl, kleine Röschen
1 Bund Petersilie, fein gehackt
2 Frühlingszwiebeln, feine Ringe
2 TL Kapern

Marinade:
2 EL Essig
Saft von einer Zitrone
4 EL Olivenöl
2 Knoblauchzehen, fein gehackt
schwarzer Pfeffer, frisch gemahlen
Salz

Blumenkohl in einem Metallsieb oder einem Dämpfeinsatz über kochendem Wasser zugedeckt in 10 bis 13 Minuten dämpfen (die Garzeit hängt davon ab, wie dicht der Topfdeckel abschließt). Die Röschen sollen noch Biß haben. Den Blumenkohl mit Petersilie, Frühlingszwiebeln und Kapern in eine Schüssel geben. Die Zutaten für die Marinade gut verrühren und mit dem Blumenkohl vermischen. Den Salat einige Zeit durchziehen lassen.

BROKKOLI, PILZE UND KAROTTEN IN WEISSWEIN-MARINADE

Ideal für ein kaltes Buffet.

Für 3 bis 4 Personen

250 g Brokkoli, kleine Röschen
200 g kleine Champignons (größere halbiert)
250 g Karotten, längs halbiert, 3 mm dünne Scheiben

Marinade:
3 EL trockener Weißwein
2 EL Essig
2 EL Öl
200 ml Gemüsebrühe
¼ TL Thymian
¼ TL Oregano
¼ TL Basilikum
¼ TL Liebstöckel
½ Zwiebel, fein gehackt
4 Knoblauchzehen, dünne Scheiben
Schale von ¼ ungespritzten Zitrone
1 Nelke
3 Pfefferkörner
1 Lorbeerblatt
geriebene Muskatnuß

Die Gemüse in einem Dämpfeinsatz oder Sieb über kochendem Wasser zugedeckt in 10 bis 15 Minuten al dente dünsten. Für die Marinade Weißwein, Essig und Öl vermischen. Die Gemüsebrühe mit allen Gewürzen in einen kleinen Topf geben und zugedeckt 10 Minuten leicht kochen, dann den Sud durch ein feines Sieb abgießen. Die gedünsteten Gemüse in eine Schüssel geben, mit der Weißwein-Öl-Mischung übergießen, und den Sud mit dem Salat vermischen. Vor dem Servieren einige Zeit durchziehen lassen.

ARABISCHER LINSENSALAT MIT MINZE

Mit Schafskäse, eingelegten Peperoni, Oliven und Vollkornbrot eine abgerundete, kalte Hauptmahlzeit.

Für 4 Personen

250 g Linsen
1 Lorbeerblatt
1 Nelke
1 Stück Muskatblüte
1 rote Paprikaschote, kleine Würfel
2 Tomaten, kleine Würfel
2 Frühlingszwiebeln, feine Ringe
1 Bund Petersilie, fein gehackt
2 EL frische Minze, fein gehackt

Marinade:
1 TL Cumin
2 Knoblauchzehen, gepreßt
Saft von ½ Zitrone
3 EL Essig
4 EL Olivenöl
schwarzer Pfeffer, frisch gemahlen
Salz

Linsen im Schnellkochtopf in 800 ml kaltem Wasser zum Kochen bringen, eventuell auftretenden Schaum abschöpfen. Lorbeerblatt, Nelke und Muskatblüte zu den Linsen geben, den Topf verschließen und die Linsen unter Druck 15 Minuten kochen. In dieser Zeit Paprika, Tomaten, Frühlingszwiebeln und Kräuter kleinschneiden und die Marinade zubereiten. Dafür Cumin in einer trockenen Pfanne kurz unter Rühren anrösten und in einer kleinen Schüssel mit den restlichen Zutaten vermischen. Die gekochten Linsen durch ein Sieb abgießen, abtropfen lassen, mit Paprika, Tomaten, Frühlingszwiebeln, den Kräutern und der Marinade vermischen und 1 Stunde durchziehen lassen.
Servieren Sie den Salat auf Kopfsalatblättern oder Gurkenscheiben angerichtet.

SUPPEN UND EINTÖPFE
Kaspars Leibgericht

Die Kochkunst muß mit der Suppe ihren Anfang genommen haben. Über dem Feuer, in einem großen Topf mit brodelndem Wasser, kochten alle verfügbaren Zutaten traut vereint, schmeckten plötzlich gemeinsam gegart anders als einzeln roh, und das pure Wasser hatte sich in Brühe verwandelt.

Die erste Suppe, eine entscheidende Kulturleistung. Unter Einwirkung von Hitze entstand in einem vom Menschen hergestellten Gefäß aus verschiedenen Teilen ein nahrhaftes Ganzes mit neuen Qualitäten. Kein Wunder, daß dem großen Topf, in dem so manches Süppchen köchelte, auch magische Kräfte zugeschrieben wurden. Was wäre eine Hexe ohne ihren Kessel? Oder eine Köchin ohne Suppentopf? Verloren – dem Koch erginge es ebenso! Die Suppe, das Herzstück der guten Küche. Dampfend und duftend darf sie beim festlichen Bankett nicht fehlen, und für sich allein, als Hauptgericht genossen, ist ihr großer Zuspruch gewiß.

Der schnellen Küche bietet die Suppe mannigfaltige Abwechslung und bringt aus allen Kontinenten ein schnelles Rezept mit. Eine Festtagssuppe aus Indien mit Blumenkohl und wohlriechenden Gewürzen; aus China Nudeln, Sprossen und Tofu in kräftig aromatisierter Brühe. Auf den karibischen Inseln wird noch rasch die Kokosnuß geknackt, damit Spinat und Kartoffeln, begleitet von einem Hauch Zimt und Zitrone, in einer sämigen Suppe gar werden.

Der Suppentopf liefert täglich Neues; das ist jedoch nicht sein einziger Vorteil für die schnelle Küche. Die Suppe gehört zur Kategorie der problemlosen Gerichte, kocht sie einmal, erfordert sie nicht mehr viel Aufmerksamkeit, und Sie können sich in aller Ruhe auf die Zubereitung eines Salates konzentrieren.

Suppe, Salat und Vollkornbrot – mit wenig Arbeit gut ernährt. Und den Kindern schmeckt's auch.

Die grausame Geschichte vom Suppenkaspar habe ich nie verstanden, eine Diskriminierung von Müttern und Kindern, fast als böswillig zu bezeichnen. Wilhelmina Husch, die Muse der schnellen Küche, reimt da in ihrer unnachahmlichen Art entscheidend anders.

»Kaspar«, rief die Frau Mama,
»deine Suppe steht schon da!«
Kaspar kommt auch gleich gerannt
mit dem Löffel in der Hand.
»Welche Suppe gibt es heut?«,
fragt der Kaspar hoch erfreut.
»Maisklößchen sind es mit Spinat
(S. 90) und dazu noch ein Salat.«
Kaspar jauchzt: »Welch ein Genuß!«
Gibt der Mutter einen Kuß.

ROGGENSUPPE MIT STEINPILZEN

Eine wunderbar deftige, aromareiche Suppe – sehr einfach gekocht.

Für 4 Personen

30 g getrocknete Steinpilze
60 g feiner Roggenschrot
1 EL Butter
½ Zwiebel, fein gehackt
2 Knoblauchzehen, fein gehackt
½ TL Koriander
900 ml Gemüsebrühe
1 Prise Piment
¼ TL Liebstöckel
schwarzer Pfeffer, frisch gemahlen
Salz
2 EL Sahne
1 EL Petersilie, fein gehackt

Steinpilze in 200 ml kaltem Wasser einweichen. Roggenschrot in einem trockenen Topf kurz unter Rühren anrösten, bis er sich leicht verfärbt und angenehm duftet. Butter, Zwiebel, Knoblauch und Koriander zufügen und unter Rühren kurz anbraten. Mit der Gemüsebrühe aufgießen, gut verrühren und mit Piment und Liebstöckel würzen. Die Suppe offen zum Kochen bringen. Die Steinpilze abgießen (Einweichwasser auffangen), in Stücke schneiden und in die Suppe geben. Das Einweichwasser der Steinpilze durch einen Papierfilter gießen und zur Suppe geben. Die Suppe 20 Minuten leicht köcheln lassen (nicht zudecken, die Suppe kocht leicht über). Ab und zu umrühren. Die fertige Suppe mit Pfeffer und Salz abschmecken, Sahne unterrühren und mit Petersilie garniert servieren.

BUTTERMILCH-KARTOFFELSUPPE MIT KRÄUTERN

Für 2 Personen

1 EL Butter
¼ Zwiebel, fein gehackt
1 Knoblauchzehe, fein gehackt
1 große Kartoffel, dünne Scheiben
300 ml Gemüsebrühe
1 Prise geriebene Muskatnuß
1 Prise Liebstöckel
100 ml Buttermilch
½ EL Schnittlauch, Röllchen
½ EL Petersilie, fein gehackt

Butter in einem kleinen Topf erhitzen, Zwiebel und Knoblauch darin 3 Minuten andünsten. Kartoffel zufügen, unter Rühren kurz andünsten, mit der Brühe aufgießen und mit Muskat und Liebstöckel würzen. Die Suppe zugedeckt 12 bis 15 Minuten leicht kochen. Wenn die Kartoffeln weich sind, die Buttermilch unterrühren und die Suppe nochmals kurz aufkochen. Zuletzt mit Schnittlauchröllchen und gehackter Petersilie garnieren und sofort servieren.

GEMÜSESUPPE »PUERTO DE SANTA MARIA«

Für 4 Personen

1000 ml Gemüsebrühe
100 g Karotten, 3 mm dünne Scheiben
200 g Kartoffeln, 3 mm dünne Scheiben
200 g Lauch, längs halbiert, 1,5 cm breite Streifen
100 g Sellerie, 3 mm dünne Stifte
1 Lorbeerblatt
4 EL Olivenöl
5 Knoblauchzehen, fein gehackt
500 g Tomaten, abgezogen, kleine Stücke oder geschälte Tomaten aus der Dose
Salz
½ EL frische Minze, fein gehackt

Gemüsebrühe zum Kochen bringen. Karotten, Kartoffeln, Lauch, Sellerie, Lorbeerblatt und 2 Eßlöffel Olivenöl zufügen, und die Gemüse zugedeckt in 10 bis 15 Minuten al dente kochen. Die Tomaten kurz in kochendes Wasser legen, abgießen, abtropfen lassen, häuten und würfeln. Das restliche Öl in einer Pfanne erhitzen, den Knoblauch darin kurz anbraten, die Tomaten dazugeben und 8 Minuten einkochen lassen, ab und zu umrühren, leicht salzen. Die eingedickten Tomaten in die Suppe rühren und kurz aufkochen. Mit frischer Minze garniert servieren.

GEMÜSE-KRÄUTER-SUPPE DER SCHÖNEN HELENE

Damit's schnell geht, wird diese Suppe in 2 Töpfen gekocht. In einem Topf erhitzen Sie die Gemüsebrühe, im zweiten Topf werden die Gemüse kurz angedünstet, dann mit der kochenden Brühe aufgegossen. So verkürzt sich die Garzeit und das Gemüse bleibt knackig.

Für 6 Personen

1250 ml Gemüsebrühe
1 TL Liebstöckel
1 Lorbeerblatt
½ TL Basilikum
1 Prise geriebene Muskatnuß
1 EL Butter
1 Zwiebel, fein gehackt
200 g Karotten, 3 mm dünne Scheiben
200 g Lauch, längs halbiert, 1 cm breite Streifen
100 g Champignons, dünne Scheiben
100 g Sellerie, 3 mm dünne Scheibchen
50 ml Sahne
3 EL Crème fraîche
3 EL Weißwein
1 Bund Petersilie, fein gehackt
30 g Kerbel, fein gehackt
schwarzer Pfeffer, frisch gemahlen
Salz

Gemüsebrühe mit Liebstöckel, Lorbeerblatt, Basilikum und Muskat erhitzen. Butter in einem Topf schmelzen und die Zwiebel einige Minuten darin andünsten. In dieser Zeit die Gemüse kleinschneiden. Die Gemüse zu der Zwiebel geben, kurz andünsten, mit der heißen Brühe aufgießen und die Suppe 10 bis 12 Minuten zugedeckt leicht kochen. Die Gemüse sollen noch Biß haben. In der Zwischenzeit Sahne, Crème fraîche und Weißwein verrühren und die Kräuter kleinschneiden. Die Sahnemischung in die fertige Suppe rühren und kurz erhitzen. Die Suppe vom Herd nehmen, die Kräuter unterrühren und die Suppe mit Pfeffer und Salz abschmecken.
Wenn Sie die Suppe im voraus zubereiten, kochen Sie die Gemüse nur 5 Minuten, durch das Aufwärmen der Suppe erhalten die Gemüse dann den richtigen Garpunkt.

WEIZEN-MANDEL-KLÖSSCHEN IN GEMÜSEBRÜHE

Für 4 Personen

1000 ml Gemüsebrühe
1 Lorbeerblatt
1 Nelke
1 Stück Muskatblüte
½ Zwiebel, fleischwolfgerechte Stücke
2 Knoblauchzehen
1 Bund Petersilie
60 g Mandeln
300 g gekochte Weizenkörner
1 Ei
2–3 EL Weizenmehl (Type: 1050)
½ TL Basilikum
¼ TL Liebstöckel
geriebene Muskatnuß
schwarzer Pfeffer, frisch gemahlen

Garnitur:
1 EL Schnittlauch, fein gehackt

Gemüsebrühe mit Lorbeerblatt, Nelke und Muskatblüte zugedeckt zum Kochen bringen. In dieser Zeit Zwiebel, Knoblauch, Petersilie, Mandeln und gekochte Weizenkörner in dieser Reihenfolge durch den Fleischwolf drehen. Die Masse mit den restlichen Zutaten vermischen. Klößchen von ca. 4 cm Durchmesser formen, in die leicht kochende Brühe geben und 15 Minuten im offenen Topf ziehen lassen. Mit Schnittlauch garniert servieren.

CHINESISCHER WINTERSUPPENTOPF

Für 4 Personen

100 g Buchweizenspaghetti
Salz
1000 ml Gemüsebrühe
2 EL Weißwein
1 EL Sojasauce
½ TL Honig
1 Prise Chili
100 g Tofu, kleine Würfel
2 EL Öl
2 Knoblauchzehen, fein gehackt
100 g Sellerie, 3 mm dünne Streifen
100 g Karotten, 3 mm dünne Scheiben
2 kleine Petersilienwurzeln, 3 mm dünne Stifte
100 g Lauch, längs halbiert, 0,5 cm dünne Streifen
100 g Mungosprossen (Sojasprossen)
2 EL Schnittlauch, fein geschnitten

Nudeln in reichlich Salzwasser al dente kochen, abgießen, mit kaltem Wasser abschrecken und gut abtropfen lassen. In dieser Zeit Gemüsebrühe mit Weißwein, Sojasauce, Honig und Chili zum Kochen bringen. Tofuwürfel in der Brühe 5 Minuten leicht köcheln. Das Öl in einer Pfanne oder einem Wok erhitzen, Knoblauch darin kurz anbraten. Sellerie, Karotten, Petersilienwurzel und Lauch dazugeben, leicht salzen und unter Rühren 3 Minuten anbraten. Sprossen zufügen und unter Rühren kurz mitbraten. Die Gemüse sollen noch Biß haben. Die Gemüse in die Suppe geben, 2 Minuten leicht kochen. Die gekochten Nudeln zufügen, die Suppe kurz aufkochen. Die Suppe mit Schnittlauch garniert servieren.
Sehr gut schmeckt es, wenn Sie noch geröstete Sesamkörner über die Suppe streuen oder Gomasio (S. 16) dazu reichen.

PROVENÇALISCHE KNOBLAUCHSUPPE

Nein, wenn Sie jetzt weiterlesen, die Knoblauchmenge ist kein Druckfehler! Für diese Suppe müssen Sie pro Teller 15 Knoblauchzehen schälen. Halten Sie entsetzte Ausschreie zurück! Ein köstliches Süppchen, die Knoblauchzehen werden im Ganzen gekocht, dadurch bekommen sie ein mildes, fast süßliches Aroma, ohne die Kraft des Knoblauchs zu verlieren. Ich esse diese Suppe, wenn ich eine Erkältung im Anzug spüre. Sie stärkt die Widerstandskräfte merklich. Sehr zu empfehlen ist die Suppe auch, fühlt man sich schlapp und ausgelaugt, zum Beispiel am Ende des Winters. Die Natur schickt sich an, in voller Blüte zu stehen, und man selbst will am liebsten alle Blätter ausgetrocknet fallen lassen. Die Knoblauchsuppe fünf Tage hintereinander genossen, bringt die richtigen Frühlingsgefühle.

Für 2 Personen

500 ml Gemüsebrühe
30 Knoblauchzehen, geschält
1 Lorbeerblatt
1 Prise Thymian
1 Prise Oregano
1 Prise Basilikum
1 Nelke
schwarzer Pfeffer, frisch gemahlen
1 Eigelb
1 TL Zitronensaft
2 EL Olivenöl
1 EL Petersilie, fein gehackt

Gemüsebrühe mit Knoblauchzehen, Lorbeerblatt, Thymian, Oregano, Basilikum, Nelke und schwarzem Pfeffer zum Kochen bringen. Zugedeckt 20 Minuten köcheln, bis die Knoblauchzehen weich sind. In dieser Zeit Eigelb und Zitronensaft verrühren. Dann, wie bei einer Mayonnaise, das Olivenöl tropfenweise unterrühren. Die Suppe durch ein Sieb gießen, die Knoblauchzehen durchpassieren. Das Knoblauchpüree in die Suppe geben. Einen Eßlöffel heiße Suppe mit der Ölmischung verrühren, dann die restliche Suppe unterrühren. Die Suppe mit Petersilie garniert servieren.

INDISCHE FESTTAGSSUPPE

Lassen Sie sich von der langen Zutatenliste nicht schrecken, sie besteht zur Hauptsache aus Gewürzen, die sie fix und fertig aus dem Schrank nehmen. Die Zubereitung ist kinderleicht.

Für 4 Personen

2 EL Öl
1 Zwiebel, fein gehackt
4 Knoblauchzehen, fein gehackt
1 TL Cumin
3/4 TL Koriander
1 TL Curcuma
1/4 TL Zimt
1 Prise Chili
1 Prise Kardamom
1000 ml Gemüsebrühe
1 Nelke
1 Stück Muskatblüte
abgeriebene Schale von 1/4 ungespritzten Zitrone
1 großer Blumenkohl, kleine Röschen
1 Prise Salz
1 EL Zitronensaft
2 EL Petersilie oder frischer Koriander, fein gehackt
200 g Joghurt

In einem Topf Öl erhitzen, Zwiebel und Knoblauch darin kurz anbraten. Cumin, Koriander, Curcuma, Zimt, Chili und Kardamom zufügen, unter Rühren kurz anbraten und mit der Gemüsebrühe aufgießen. Nelke und Muskatblüte dazugeben, und die Gemüsebrühe zugedeckt zum Kochen bringen. Zitronenschale und Blumenkohl zufügen, die Suppe zugedeckt zum Kochen bringen und 8 bis 10 Minuten leicht kochen. Die Blumenkohlröschen sollen weich sein, dürfen aber nicht zerfallen. Mit Salz abschmekken und die Suppe vom Herd nehmen. Zitronensaft unterrühren, die Suppe mit Petersilie garniert servieren. Joghurt getrennt zur Suppe reichen.
Wenn Sie die Suppe im voraus zubereiten (dafür eignet sie sich gut), dürfen Sie den Blumenkohl nur 5 Minuten kochen, er wird sonst durch das Wiedererwärmen zu weich.

MAISKLÖSSCHEN-SUPPE MIT SPINAT »FÜR KASPAR«

Für 4 Personen

1000 ml Gemüsebrühe
1 Nelke
1 Lorbeerblatt
1/2 TL Liebstöckel
60 g Butter
2 Eier
1 Prise Salz
1 Prise geriebene Muskatnuß
120 g Maisgrieß (Polenta)
2–4 TL Weizenmehl (Type: 1050)
1 Handvoll Spinat, mundgerechte Stücke
1 Frühlingszwiebel, feine Ringe

Gemüsebrühe mit Nelke, Lorbeerblatt und Liebstöckel zugedeckt zum Kochen bringen, dann leicht köcheln lassen. In dieser Zeit Butter mit dem Handrührgerät schaumig rühren. Eier, Salz, Muskat und Maisgrieß unterrühren und je nach Bedarf das Mehl zufügen. Es soll eine feste Masse entstehen (wenn die Eier sehr groß sind, brauchen Sie mehr Mehl). Mit Teelöffeln kleine Klößchen abstechen und in die leicht kochende Brühe geben. Zugedeckt 15 Minuten ziehen lassen. Den Spinat vorsichtig in die Suppe rühren und 1 Minute miterhitzen. Die Suppe mit Frühlingszwiebeln garniert servieren.

BORSCHTSCH MIT DILL-SAHNE

Für 6 Personen

2 EL Öl
2 Zwiebeln, fein gehackt
4 Knoblauchzehen, fein gehackt
200 g Rote Beete, 1 cm dicke Stücke
200 g Kartoffeln, 1 cm dicke Stücke
200 g Sellerie, 1 cm dicke Stücke
200 g Karotten, 1 cm dicke Scheiben
100 g Petersilienwurzel, ½ cm dicke Stifte
1000 ml Gemüsebrühe
1 Lorbeerblatt
1 Stück Muskatblüte
1 Nelke
½ TL Liebstöckel
¼ TL Oregano
1 TL Rosenpaprika, edelsüß
1 Prise Paprika, scharf
250 ml saure Sahne
1 Bund Dill, fein gehackt
½ EL Zitronensaft
Salz

Öl im Schnellkochtopf erhitzen, Zwiebeln und Knoblauch darin 10 Minuten andünsten. In dieser Zeit die Gemüse kleinschneiden. Die Gemüsebrühe in den Topf geben, mit Lorbeerblatt, Muskatblüte, Nelke, Liebstöckel, Oregano, edelsüßem und scharfem Paprika würzen und zum Kochen bringen. Die Gemüse dazugeben, den Schnellkochtopf verschließen und die Suppe 3 Minuten unter Dampf kochen. Den Schnellkochtopf öffnen und die Suppe noch 1 Minute köcheln lassen. Saure Sahne mit Dill vermischen. Die fertige Suppe mit Zitronensaft und Salz abschmecken. Die Dill-Sahne zur Suppe reichen.
Die Suppe können Sie ohne Geschmacksverlust noch einmal aufwärmen.

Suppen und Eintöpfe aus dem Schnellkochtopf
Zarte Gemüse mit kurzen Garzeiten wie Blumenkohl, Bohnen, Pilze und Spinat eignen sich nicht zum Kochen im Schnellkochtopf. Sie werden zu schnell weich und verlieren an Geschmack. Will man aber in der minutenschnellen Küche auf deftige Suppen und Eintöpfe mit Wurzelgemüse nicht verzichten, ist der Schnellkochtopf ein unentbehrlicher Helfer. Karotten, Rote Bete, Sellerie und Kartoffeln vertragen es bestens, daß ihnen Dampf gemacht wird, und verwandeln sich unter kurzem Druck in herzhafte Gemüsesuppen. Eintöpfe mit Hülsenfrüchten, allen voran Linsen, stehen in der Gunst der Suppenliebhaber ganz oben. Mit einem Schnellkochtopf wird der Linseneintopf zum 15 Minuten-Schnellgericht. Probieren Sie einmal die Wiener Rahmlinsen (S. 93). Einfacher kann Kochen kaum mehr sein, und beim Essen kommt großes Verständnis auf für jenen Herrn, der sein Erbe gegen ein Linsengericht eintauschte.

KAROTTEN-ORANGENCREME-SUPPE

Für 3 Personen

2 EL Öl
1 Zwiebel, fein gehackt
500 ml Gemüsebrühe
1 Prise geriebene Muskatnuß
1 Prise Piment
1 Prise Chili
1 Prise Zimt
1 Prise Kardamom
abgeriebene Schale von ¼ ungespritzten Orange
350 g Karotten, 1 cm dicke Stücke
60 ml Sahne
1 EL Crème fraîche
Saft von ½ Orange
1 EL Petersilie, fein gehackt

Öl im Schnellkochtopf erhitzen, Zwiebel darin kurz andünsten. Mit der Gemüsebrühe aufgießen, mit Muskat, Piment, Chili, Zimt, Kardamom und abgeriebener Orangenschale würzen. Die Gemüsebrühe zum Kochen bringen, Karotten zufügen, den Schnellkochtopf verschließen und die Suppe unter Druck 5 Minuten kochen (ohne Druck 15 Minuten). Die Suppe mit Sahne und Crème fraîche im Mixer pürieren, nochmals kurz zum Kochen bringen, Orangensaft unterrühren, und die Suppe sofort vom Herd nehmen. Mit Petersilie garniert servieren.

JAMAIKANISCHE SUPPE »MONTEGO BAY«

Erinnerung an die Karibik oder Vorfreude auf die Traumreise an den Palmenstrand. Aber auch wenn Sie nie dort waren und auch nicht hinwollen, diese kokosduftende Suppe werden Sie genießen.

Für 4 Personen

150 g Kokosflocken, ungesüßt
3 Knoblauchzehen, fein gehackt
1 Zwiebel, fein gehackt
1 TL Ingwer, fein gehackt
1 EL Öl
300 g Kartoffeln, 1,5 cm große Würfel
1 TL Curcuma
1 TL Cumin
1 Prise Chili
1 Prise Piment
1 Prise Zimt
1 Prise geriebene Muskatnuß
abgeriebene Schale von ½ ungespritzten Zitrone
2–3 TL Instant-Gemüsebrühe
200 g Spinat
Salz
½ EL Zitronensaft
1 Frühlingszwiebel, feine Ringe

1250 ml Wasser mit Kokosflocken zum Kochen bringen. Wenn die Kokosmilch kocht, sofort vom Herd nehmen (kocht über). In der Zwischenzeit Knoblauch, Zwiebel und Ingwer kleinschneiden. Die Kokosmilch durch ein Sieb gießen (die Flüssigkeit dabei auffangen), die Kokosflocken mit dem Rührlöffel gut ausdrücken. Im Schnellkochtopf Öl erhitzen, Knoblauch, Zwiebel und Ingwer darin einige Minuten andünsten. In dieser Zeit Kartoffeln kleinschneiden. Curcuma, Cumin, Chili, Piment, Zimt, Muskatnuß zu den Zwiebeln geben und unter Rühren kurz anbraten. Mit der heißen Kokosmilch aufgießen und mit abgeriebener Zitronenschale und Gemüsebrühe würzen. Kartoffelwürfel zufügen, Schnellkochtopf verschließen und die Suppe 4 Minuten unter Druck kochen (15 Minuten ohne Druck). In dieser Zeit den tropfnassen Spinat mit etwas Salz in einem geschlossenen Topf in 3 Minuten zusammenfallen lassen, abgießen und abtropfen lassen. Spinat und Zitronensaft in die Suppe geben, kurz erhitzen und mit Frühlingszwiebeln garniert servieren.
Wenn Sie ein noch intensiveres Kokos-Aroma wollen, drücken Sie, bevor Sie den Spinat in die Suppe geben, die leicht abgekühlten Kokosflocken in einem Küchentuch oder mit der Hand fest aus und geben Sie die zusätzliche Kokosmilch in die Suppe.

WIENER RAHMLINSEN

Für 4 Personen

200 g Linsen
2 Zwiebeln, fein gehackt
3 Knoblauchzehen, fein gehackt
1 Lorbeerblatt
1 Nelke
1 Prise geriebene Muskatnuß
½ TL Liebstöckel
2 EL Öl
2–3 TL Instant-Gemüsebrühe
schwarzer Pfeffer, frisch gemahlen
100 g Crème fraîche
3 EL Rotwein
2 EL Petersilie, fein gehackt

Linsen mit 600 ml kaltem Wasser im offenen Schnellkochtopf zum Kochen bringen, eventuell auftretenden Schaum abschöpfen. In dieser Zeit Zwiebeln und Knoblauch kleinschneiden und mit Lorbeerblatt, Nelke, Muskatnuß und Öl zu den Linsen geben. Den Topf verschließen und die Linsen 15 Minuten unter Druck kochen. Die fertigen Linsen mit Gemüsebrühe und Pfeffer würzen, noch 2 Minuten leicht kochen. Crème fraîche und Rotwein unterrühren, noch 1 Minute leicht kochen. Die Linsen mit Petersilie garniert servieren.
Dazu passen gekochte Kartoffeln oder Vollkornbrot.

GEMÜSE
Die wichtigste Voraussetzung

für das schnelle, gesunde Gemüsekochen ist und bleibt, wie schon auf Seite 61 beschrieben, das Schneiden; das gleichmäßige, der Beschaffenheit der Gemüse entsprechende Kleinschneiden. Ich wiederhole mich jetzt, aber lieber eine Wiederholung meinerseits, als ein mißratenes Gemüsegericht Ihrerseits. Ist das Gemüse kleingeschnitten, stehen die verschiedensten Garmethoden zur Auswahl.

Die eleganteste Art, Gemüse zu kochen, ist sicher die in China zur Perfektion entwickelte Methode »Unter Rühren braten«. In China wird hierfür ein Wok verwendet, eine große hohe Pfanne mit abgerundetem Boden. Woks erfreuen sich auch bei uns einer immer größeren Beliebtheit und sind in Haushaltswarengeschäften oder asiatischen Geschäften erhältlich. Der Vorteil des Woks gegenüber einer normalen Pfanne liegt in seinem abgerundeten Boden. In ihm sammelt sich das Öl, die zum Kochen erforderliche Ölmenge verringert sich, und das Öl wird sehr heiß. Die hohe Öltemperatur ermöglicht extrem kurze Garzeiten, für 4 Personen kochen Sie ein Gemüsegericht in 10 Minuten. Die geschmacklichen Vorteile des »unter Rühren im Wok braten« sind unübertroffen. Das Gemüse bleibt im Geschmack und Aussehen knackig frisch (siehe auch Seite 9).

Wie kommt bei dieser Kochmethode die Sauce ans Gemüse? Chinesische Wokgemüse werden mit Sojasauce gewürzt. Ingwer, Weißwein, Sherry, Sesam, Chili, Zimt, Muskat können bereichernd wirken, aber die Sojasauce darf nicht fehlen. Damit die Gemüse sich nicht braun verfärben, wird die Sojasauce, meist mit Speisestärke vermischt, erst am Ende der Garzeit dazugegeben und zum Binden kurz aufgekocht. Oder die Gemüse werden, nach anfänglichem Braten bei starker Hitze, noch einige Minuten zugedeckt in einer Flüssigkeit leicht gekocht, und zum Schluß mit der Sojasaucenmischung gebunden.

Chinesische Gemüsegerichte sind meist ein Zusammenspiel verschiedener Gemüsesorten. Betrachten Sie ein Wokgericht als Gesamtkunstwerk, das am besten auf einer großen Platte zur Geltung kommt. Die gleichmäßig kleingeschnittenen Gemüse ergänzen sich in den Farben fürs Auge und in ihrer Beschaffenheit für den Gaumen. Rote, gelbe, feste Paprikastreifen neben weicheren, grünen Zucchinischeiben und weißen Pilzen, dazwischen knackige, hellgelbe Sprossen. Verbunden wird diese Farbenpracht von einer samtig glänzenden braunen Sauce. Darüber die Garnitur, mit lockerer

Hand hingestreut: geröstete Sesamkörner, kleingeschnittene Petersilie, Frühlingszwiebeln oder frischer Koriander. Ganz nebenbei ist diese höchste Genüsse versprechende Kochmethode auch kalorienarm und gesund, bleiben doch durch die kurzen Garzeiten wertvolle Vitamine erhalten. Zwei einfache Grundregeln öffnen die Tür zum erfolgreichen Wok-Kochen, werden die beachtet, geht's kinderleicht (anstelle eines Woks kann auch eine große Pfanne verwendet werden, dann erhöht sich aber die erforderliche Ölmenge):

1. Schneiden Sie alle Zutaten so klein, wie es in den Rezepten angegeben ist.
2. Bevor Sie zu kochen anfangen, müssen sämtliche Zutaten mit der Platte, auf der Sie das Gemüse servieren, in Griffnähe des Herdes stehen. Ist das Öl erst einmal heiß, müssen Sie sich ganz auf das »unter Rühren braten« konzentrieren können.

Etwas längere Garzeiten (es dreht sich hierbei nur um wenige Minuten) hat Gemüse, wird es im eigenen Saft oder mit wenig Flüssigkeit gedünstet. Für das Gelingen dieser Gerichte ist entscheidend, daß der Topf einen gut schließenden Deckel hat, damit beim Kochen nicht zu viel Dampf und somit Flüssigkeit entweicht. Zu besonderen Leckerbissen entwickeln sich gedünstete Gemüse, werden sie von einer cremigen Sauce aus Sahne und Käse umschmolzen. Lauch mit und Käse umschmolzen. Lauch mit Gorgonzola (S. 97), mit wenigen Handgriffen ein harmonisches, edles Gemüsegericht zubereiten, in dem sich die leichte Schärfe des Lauchs, gemildert von der cremigen Sahne, mit der Würze des Käses ein Stelldichein zum Ißmichauf gibt.

Sollen aus der schnellen Gemüseküche immer neue Gemüse auf den Tisch kommen, geht es im wesentlichen um das Verhältnis der bißfesten, mundgerechten Gemüsestückchen zur Sauce. Die im Wok gebratenen Gemüse werden von der Sauce nur umhüllt, behalten durch die kurze Garzeit und die hohen Temperaturen ihren Eigengeschmack. Ganz anders Gemüse, das in einer größeren Menge aromatisierter Flüssigkeit bei niedrigeren Temperaturen und mit etwas längerer Garzeit geköchelt wird. Hier findet ein Aroma-Austausch statt. Von der Sauce ins Gemüse und umgekehrt, bis beide ganz voneinander durchdrungen sind.

Wahre Meisterwerke dieser Art Gemüse zu kochen, bietet die indische Küche mit ihrer verschwenderischen Fülle an Gewürzen. Ein buntes Gemüsecurry in Kokosmilch vereinigt in sich mild cremigen Kokosgeschmack, den Duft von Koriander, Chili, Cumin, Zimt, Nelke, Ingwer, Zitrone und das Aroma von Gemüsen und frischen Kräutern. Das alles nach nur 30 Minuten (Arbeits- und Kochzeit). Aber auch ganz europäisch gelingt das Essen nach diesem Kochprinzip. Probieren Sie einmal Fenchel in Sahnesauce mit Mandelsplittern (S. 100).

Genau das Gegenteil, aber nicht weniger reizvoll, ist die Methode, Gemüse kurz in kochendem Salzwasser zu blanchieren oder im Dampf zu garen, und es heiß mit einer Sauce zu servieren, die bei ihrer Zubereitung mit dem Gemüse überhaupt nicht in Berührung gekommen ist. Zwei eigenständige Komponenten treffen sich auf dem Teller, nicht zum Nachteil des guten Geschmacks, was Sie bei Brokkoli mit Kräuter-Senfbutter (S. 99) leicht überprüfen können.

Wie koche ich Gemüse schnell und einfach? Sie haben die Qual der Wahl: unter Rühren gebraten, im eigenen Saft gedünstet, in einer Flüssigkeit geköchelt oder nur blanchiert mit der Sauce extra.

Eine Essensfreude ist es nach jeder Methode, vorausgesetzt das Gemüse ist richtig geschnitten.

Suppengemüse

Karotten, Lauch, Sellerie- und Petersilienwurzel gibt's das ganze Jahr. Gut geeignet zum Lagern, können Sie immer einen kleinen Vorrat davon im Kühlschrank oder Keller bereit haben. Diese Wurzelgemüse sollten Sie nicht nur in Form von Suppen auf ihrem Speiseplan haben, probieren Sie einmal Suppengemüse kurz gebraten mit Sojasauce und Weißwein oder mit frischem Kerbel in Cremesauce (S. 96, 101).

GEBRATENES SUPPENGEMÜSE AUF CHINESISCHE ART

Für 4 Personen

4 EL Sojasauce
50 ml trockener Weißwein
1 Prise Chili
1 gestrichener EL Speisestärke
2 EL Öl
3 Knoblauchzehen, fein gehackt
1 TL Ingwer, fein geschnitten
400 g Karotten, 3 mm dünne Scheiben
100 g Selleriewurzel, 3 mm dünne Stückchen
100 g Petersilienwurzel, 2 mm dünne Scheibchen
Salz
400 g Lauch, längs halbiert, 1 cm breite Streifen
1 EL Petersilie, fein gehackt

Sojasauce, Weißwein, Chili und Speisestärke verrühren. In einer großen Pfanne oder einem Wok das Öl erhitzen. Knoblauch und Ingwer darin unter Rühren kurz anbraten. Karotten, Selleriewurzel und Petersilienwurzel zufügen, unter Rühren 4 Minuten anbraten, leicht salzen. Lauch zugeben und unter Rühren 2 Minuten anbraten. Alles mit 50 ml Wasser aufgießen, zugedeckt 3 Minuten leicht kochen. Die Saucenmischung unterrühren, kurz aufkochen lassen, die Gemüse auf einer Platte anrichten und mit Petersilie garnieren.

SESAM-KOKOSFLOCKEN

Diese schnell zubereitete Nuß-Gewürzmischung wird über fertig gebratene Wokgemüse gestreut.

½ EL Sesam
1 EL Kokosflocken, ungesüßt
½ TL Cumin
1 Prise Chili
abgeriebene Schale von ½ ungespritzten Zitrone
1 gute Prise Salz

Sesamkörner, Kokosflocken, Cumin und Chili im trockenen Wok kurz unter Rühren anrösten, bis die Sesamkörner anfangen zu springen. Zitronenschale und Salz unterrühren und vom Herd nehmen.

Ingwer
ist ein Grundgewürz der asiatischen Küche. Ob in Indien, Thailand, China, Japan, die Wurzel mit dem intensiven, frisch pikanten Geschmack ist immer dabei. Ingwerknollen erhalten Sie frisch in der Gemüseabteilung der Supermärkte, in gut sortierten Gemüsegeschäften und in asiatischen Lebensmittelgeschäften. Kaufen Sie stets nur eine kleine Menge ein, Ingwer wird sehr sparsam verwendet. Im Gemüsefach des Kühlschranks hält sich frischer Ingwer gut, wenn Sie ihn in einer perforierten Plastiktüte aufbewahren. Sie können auch getrocknetes Ingwerpulver verwenden, jedoch stets nur eine Prise.

SPINAT, KOHLRABI UND MUNGO-SPROSSEN

Für 2 bis 3 Personen

1½ EL Sojasauce
2 EL Weißwein
½ gestrichener EL Speisestärke
2 EL Öl
2 Knoblauchzehen, fein gehackt
1 TL frischer Ingwer, fein gehackt
2 junge Kohlrabi, 3 mm dünne Scheiben
Salz
100 g Mungosprossen (Sojasprossen)
250 g Spinat
1 Frühlingszwiebel, feine Ringe

Sojasauce, Weißwein und Speisestärke verrühren. Öl in einer großen Pfanne oder einem Wok erhitzen, Knoblauch und Ingwer darin kurz anbraten. Kohlrabi zufügen, leicht salzen und unter Rühren 4 Minuten braten. Sprossen untermischen und unter Rühren 1 Minute braten. Spinat dazugeben, Wok zudecken und den Spinat in 2 bis 3 Minuten bei mittlerer Hitze zusammenfallen lassen. Die Sojasaucenmischung unter die Gemüse rühren und kurz aufkochen. Die Gemüse auf einer Platte anrichten und mit Frühlingszwiebeln garniert servieren. Dazu Naturreis reichen. Eine besondere Note erhält dieses Gericht, wenn Sie Sesam-Kokosflocken darüberstreuen.

AUBERGINEN, PILZE UND SPROSSEN MIT GERÖSTETEM SESAM

Für 3 Personen

½ EL ungeschälte Sesamkörner
3 EL Weißwein oder Sherry
2 EL Sojasauce
1 gestrichener EL Speisestärke
3 EL Öl
3 Knoblauchzehen, fein gehackt
½ Zwiebel, fein gehackt
300 g Auberginen, geschält, längs geviertelt, 3 mm dünne Scheiben
Salz
300 g Champignons, 5 mm dünne Scheiben
100 g Mungosprossen (Sojasprossen)
1 Frühlingszwiebel, feine Ringe

Sesamkörner in einer trockenen Pfanne unter Rühren kurz anrösten, bis sie anfangen hochzuspringen. Sofort vom Herd nehmen und in ein Schälchen geben. Weißwein, Sojasauce, Speisestärke und 1 Eßlöffel Wasser verrühren. Öl in einer Pfanne oder einem Wok erhitzen, Knoblauch und Zwiebel darin unter Rühren 1 Minute braten. Auberginenscheiben zufügen, leicht salzen, unter ständigem Rühren (sie kleben sonst an) 4 Minuten braten. Champignons zugeben und unter Rühren 5 Minuten braten. Sprossen untermischen und unter Rühren 2 Minuten braten. Die Sojamischung unter die Gemüse rühren und alles nochmals ganz kurz aufkochen. Das Gemüse auf einer Platte anrichten, mit geröstetem Sesam und Frühlingszwiebeln garnieren und sofort servieren. Dazu Naturreis reichen.

LAUCH MIT GORGONZOLA

Einfach, ein Gedicht!

Für 4 Personen

1 EL Butter
700 g Lauch, längs halbiert, 5 cm lange Stücke
Salz
150 ml Sahne
200 g Gorgonzola, kleine Stücke
schwarzer Pfeffer, frisch gemahlen

Die Butter in einem großen flachen Topf (ca. 23 cm Durchmesser) zergehen lassen. Lauch dazugeben, leicht salzen, zugedeckt 7 Minuten dünsten. Sahne zufügen und bei geschlossenem Topf 7 Minuten köcheln. Gorgonzola mit dem Gemüse vermischen, zugedeckt noch 3 bis 5 Minuten dünsten, bis der Käse geschmolzen ist, dabei ab und zu umrühren. Den Lauch in eine Schüssel geben und mit frischem Pfeffer übermahlen.
Dazu schmecken gewürzte Hirse (S. 15), Kartoffeln oder Polenta (S. 16).

KAROTTEN À LA CRÈME

Ein Schlemmergericht für Kinder, die oft nicht die wirklichen Gemüsefans sind und alles schön übersichtlich haben wollen.

Für 2 Personen

½ EL Butter
400 g Karotten, 3 mm dünne Scheiben
Salz
50 ml Gemüsebrühe
4 EL Sahne
1 EL Petersilie, fein gehackt

Butter in einem kleinen Topf schmelzen. Karotten dazugeben, leicht salzen, unter Rühren kurz anbraten und mit der Gemüsebrühe aufgießen. Die Karotten im geschlossenen Topf 12 Minuten dünsten. Sahne unterrühren, im offenen Topf köcheln bis die Sahne zu einer dicken Sauce eingekocht ist. Mit Petersilie garniert servieren.
Wenn Sie die Karotten für Kinder kochen, lassen Sie die Petersilie weg, sie mindert die Überschaubarkeit des Gerichts.
Dazu passen gewürzte Hirse (S. 15) oder Polenta mit Parmesan (S. 16).

Brokkoli mit Kräuter-Senfbutter

BROKKOLI, KAROTTEN, TOFU UND SPROSSEN GEBRATEN

Für 4 Personen

3 EL Sojasauce
1½ gestrichene EL Speisestärke
3 EL Öl
4 Knoblauchzehen, fein gehackt
500 g Brokkoli, kleine Röschen, Stiele in dünnen Scheiben
300 g Karotten, 3 mm dünne Scheiben
200 g Mungosprossen (Sojasprossen)
100 g Tofu, kleine Würfel
Salz
1 Frühlingszwiebel, feine Ringe

Sojasauce, Speisestärke und 1 Eßlöffel kaltes Wasser verrühren. Öl in einer großen Pfanne oder einem Wok erhitzen. Knoblauch zufügen und kurz anbraten. Brokkoli und Karotten zugeben und unter Rühren 3 Minuten braten. Sprossen und Tofu untermischen und unter Rühren kurz braten. Die Gemüse leicht salzen, mit etwas Wasser aufgießen und zugedeckt 4 bis 6 Minuten leicht kochen. Die Gemüse sollen noch Biß haben. Die Sojamischung unterrühren und nochmals kurz aufkochen. Die Gemüse auf eine Platte geben und mit Frühlingszwiebelringen garniert servieren.

BROKKOLI MIT KRÄUTER-SENFBUTTER

Für 4 Personen

800 g Brokkoli, in Röschen
Salz

Kräuter-Senfbutter:
80 g weiche Butter
1 EL Olivenöl
3 TL Dijon-Senf
3 Knoblauchzehen, gepreßt
1 EL Petersilie, fein gehackt
1 Bund Schnittlauch, fein gehackt
1 Prise Piment
1 Prise Basilikum
1 Prise Thymian
schwarzer Pfeffer, frisch gemahlen
Salz

Brokkoli in kochendem Salzwasser in 7 bis 10 Minuten al dente kochen. In dieser Zeit die Zutaten für die Kräuter-Senf-Butter gut verrühren. Die gut abgetropften, heißen Brokkoliröschen auf einer Platte anrichten, und die Kräuter-Senfbutter darüber verteilen. Schmeckt zu Hirse, Kartoffeln oder Nudeln.

PAPRIKA, TOMATEN, ZUCCHINI UND PILZE »SIRIKIT«

Für 4 Personen

3 EL Sojasauce
1 gestrichener EL Speisestärke
2 EL Öl
4 Knoblauchzehen, fein gehackt
2 gelbe Paprikaschoten, 3 mm dünne Streifen
100 g Karotten, 3 mm dünne Scheiben
Salz
100 g Lauch, längs halbiert, 1 cm breite Streifen
200 g Zucchini, 5 mm dünne Scheiben
200 g Champignons, 3 mm dünne Scheiben
200 g Tomaten, geviertelt oder geschälte Tomaten aus der Dose
1 EL Petersilie, fein gehackt
2 EL geröstete Erdnüsse

Sojasauce und Speisestärke verrühren. In einem Wok oder einer großen Pfanne das Öl erhitzen. Knoblauch darin anbraten. Paprikastreifen und Karotten zufügen, unter Rühren 2 Minuten braten, leicht salzen. Lauch, Zucchini, Pilze und Tomaten zugeben, unter Rühren kurz braten und zugedeckt 6 Minuten dünsten. Die Sojamischung unter die Gemüse rühren und kurz aufkochen. Alles auf einer Platte anrichten und mit Petersilie und Erdnüssen garnieren.

PAPRIKA, SELLERIE, KAROTTEN UND ANANAS SÜSS-SAUER

Für 4 Personen

3½ EL Sojasauce
1 TL Honig
1 TL frischer Ingwer, gerieben
1 gestrichener EL Speisestärke
3 EL Öl
4 Knoblauchzehen, fein gehackt
2 rote Paprikaschoten (300 g), 3 mm dünne Streifen
200 g Karotten, 3 mm dünne Scheiben
Salz
3 Stiele Stangensellerie, 3 mm dünne Scheiben
1 kleine Ananas (350 g), kleine Stücke
1 Prise Piment
1 Prise Chili
1 Prise geriebene Muskatnuß
1 Prise Zimt
1 Frühlingszwiebel, feine Ringe oder 1 EL frischer Koriander, fein gehackt

Sojasauce, Honig, Ingwer, Speisestärke und 2 Eßlöffel kaltes Wasser glattrühren. Öl in einer Pfanne oder einem Wok erhitzen. Knoblauch darin kurz anbraten. Paprikastreifen und Karotten zufügen, unter Rühren 4 Minuten braten, leicht salzen. Stangensellerie, Ananasstückchen, Piment, Chili, Muskat und Zimt zugeben und unter Rühren 2 Minuten braten. 50 ml Wasser zufügen und die Gemüse zugedeckt 3 bis 4 Minuten köcheln lassen. Die Sojamischung unterrühren, kurz aufkochen, die Gemüse auf einer Platte anrichten und mit Frühlingszwiebeln oder Koriander garniert servieren. Dazu Naturreis reichen.
Wenn's besonders üppig werden soll, streuen Sie noch Sesam-Kokosflocken (S. 96) darüber.

FENCHEL IN SAHNESAUCE MIT MANDELSPLITTERN

Noch eines dieser erstaunlich simplen und umwerfend guten Gerichte. Der Fenchel wird in einer Sauce aus Crème fraîche und Gemüsebrühe gedünstet, dadurch zieht die Crème fraîche ganz in den Fenchel ein und macht ihn zu einem üppigen Leckerbissen.

Für 3 bis 4 Personen

400 ml Gemüsebrühe
125 g Crème fraîche
½ TL Basilikum
1 Prise Thymian
1 Lorbeerblatt
1 Prise geriebene Muskatnuß
1 Prise Piment
4 Fenchelknollen (700 g), geviertelt
½ EL Butter
1½ EL Mandelsplitter

Mit dem Schneebesen Gemüsebrühe und Crème fraîche verrühren. Die Mischung in einem großen flachen Topf (ca. 23 cm Durchmesser) zum Kochen bringen, mit Basilikum, Thymian, Lorbeer, Muskat und Piment würzen. Fenchel dazugeben (die Fenchelviertel sollen den Topfboden in einer Schicht bedecken) und zugedeckt 15 Minuten kochen. In der Zwischenzeit in einer kleinen Pfanne die Butter schmelzen und die Mandelsplitter darin unter Rühren goldgelb anrösten, dann sofort vom Herd nehmen (die Mandelsplitter brennen sehr leicht an). Den Fenchel in einer Schüssel anrichten und mit Mandelsplittern garniert servieren. Reichen Sie Hirse, Reis oder Polenta (S. 15, 16) dazu.

Crème fraîche
Das cremige, konzentrierte Sauerrahmprodukt eignet sich hervorragend zum Binden von Saucen. Crème fraîche flockt im Gegensatz zu der bei uns üblichen sauren Sahne beim Erhitzen nicht aus. Sämig samtige Saucen sind kinderleicht und blitzschnell damit zubereitet. Verrühren Sie die Crème fraîche mit einem kleinen Schneebesen mit der Saucenflüssigkeit. Wenn im Kochtopf wegen des Gemüses zu viel Gedränge zum Verrühren herrscht, schöpfen Sie eine kleine Menge Flüssigkeit ab und verrühren Sie die Crème fraîche separat damit in einer kleinen Schüssel. Diese Mischung anschließend unter die Gemüse rühren.

SUPPENGEMÜSE À LA CRÈME MIT KERBEL

Hier verbindet eine Sahne-Weißweinsauce alle Zutaten, die einer guten Suppe das Aroma geben, zu einem cremigen, kräuterwürzigen Gemüsehauptgericht.

Für 3 bis 4 Personen

1½ EL Butter
2 Knoblauchzehen, fein gehackt
1 Zwiebel, fein gehackt
300 g Karotten, 3 mm dünne Scheiben
300 g Lauch, längs halbiert, 3 cm breite Stücke
100 g Selleriewurzel, 3 mm dünne Scheibchen
100 g Petersilienwurzel, 3 mm dünne Scheibchen
Salz
100 ml Gemüsebrühe
1 Prise geriebene Muskatnuß
1 Prise Piment
1 Lorbeerblatt
¼ TL Liebstöckel
50 ml Sahne
2 EL Crème fraîche
2 EL Weißwein
1 EL Petersilie, fein gehackt
30 g Kerbel, fein gehackt
schwarzer Pfeffer, frisch gemahlen

Butter in einem großen flachen Topf (ca. 23 cm Durchmesser) schmelzen, Knoblauch und Zwiebel darin andünsten. Die Gemüse dazugeben, leicht salzen, kurz unter Rühren anbraten, mit der Gemüsebrühe aufgießen und mit Muskat, Piment, Lorbeer und Liebstöckel würzen. Die Gemüse im geschlossenen Topf 15 Minuten köcheln. In dieser Zeit Sahne, Crème fraîche und Weißwein verrühren, die Kräuter kleinschneiden. Die Sahnesauce unter die fertig gegarten Gemüse (sie sollen noch Biß haben) rühren. Die Sauce kurz aufkochen, mit Salz und Pfeffer abschmecken, die frischen Kräuter unterrühren und sofort servieren. Dazu Kartoffeln oder Hirse reichen.

JUNGER MAIS

Ein Sommerschnellgericht, das Kinder besonders gern – weil mit den Händen – essen.

Die Maiskolben in reichlich Salzwasser in ca. 20 Minuten weichkochen. Jeder bestreicht sich seinen Mais mit Butter und streut etwas Salz darüber. Sie können Mais auch über der Glut grillen. Damit's ein vollständiges Essen wird, reichen Sie zum Mais den Salat California mit Edelschimmelkäse, Oliven und Champignons (S. 30).

UNGARISCHES SAUERKRAUT

Die Vorteile des Sauerkrauts für die schnelle Küche dürfen Sie sich nicht entgehen lassen: Es ist bereits geschnitten, und die Milchsäuregärung hat Ihnen schon einen Teil der Zubereitung abgenommen.

Für 4 Personen

2 EL Butter
1 Zwiebel, fein gehackt
800 g Sauerkraut
200 ml Gemüsebrühe
1 Lorbeerblatt
1 Nelke
½ TL Kümmel
4 schwarze Pfefferkörner
4 Wacholderbeeren
1½ TL Paprika edelsüß
100 g Crème fraîche

Butter schmelzen, Zwiebel darin in 5 Minuten unter Rühren goldbraun braten. Sauerkraut, Gemüsebrühe und Gewürze zufügen und gut vermischen. Das Kraut zugedeckt 20 Minuten leicht kochen, dabei ab und zu umrühren. Crème fraîche untermischen und nochmals kurz aufkochen.
Servieren Sie knusprigen Kartoffelkuchen (S. 117) dazu.

GRÜNER SPARGEL MIT BUTTER UND PARMESAN

Ein beliebtes italienisches Spargelgericht. Bereiten Sie es mit frisch geriebenem Parmesan zu.

Hauptgericht für 2 Personen
Vorspeise für 4 Personen

1000 g grüner Spargel
50 g Butter
50 g Parmesan, frisch gerieben
1 EL Petersilie, fein gehackt

Spargelenden etwas abschneiden. Spargel in reichlich Salzwasser in ca. 20 Minuten garen. Dann abtropfen lassen. Butter in einem kleinen Topf schmelzen. Den abgetropften, heißen Spargel auf einer großen Platte anrichten, mit Butter begießen, mit Parmesan bestreuen und mit Petersilie garnieren.

JUNGES GEMÜSE IN CURRY-KOKOSCREME

Für 3 bis 4 Personen

50 ml Sahne
2 gestrichene TL Speisestärke
60 g Kokosflocken
1 EL Öl
3 Knoblauchzehen, fein gehackt
½ TL Cumin
½ TL Koriander
½ TL Curcuma
1 Prise Chili
300 g junge Kohlrabi, 3 mm dünne Scheiben
200 g Karotten, 3 mm dünne Scheiben
400 g Zuckererbsen
1 TL Instant-Gemüsebrühe
abgeriebene Schale von ¼ ungespritzten Zitrone
Salz
1 Handvoll Brunnenkresse, mundgerechte Stücke

Sahne mit Speisestärke und 1 Eßlöffel Wasser glattrühren. Kokosflocken mit 150 ml Wasser zum Kochen bringen, sofort vom Herd nehmen (kocht über!), durch ein Sieb gießen (Kokosmilch dabei auffangen) und mit dem Kochlöffel gut ausdrücken. In einer großen Pfanne oder einem Wok das Öl erhitzen. Knoblauch, Cumin, Koriander, Curcuma und Chili darin unter Rühren kurz anbraten. Kohlrabi und Karotten hinzufügen und unter Rühren 3 Minuten braten. Zuckererbsen zugeben und unter Rühren kurz braten. Mit der Kokosmilch aufgießen, mit Instant-Gemüsebrühe und abgeriebener Zitronenschale würzen und zugedeckt 7 Minuten leicht kochen. Die Sahnemischung unterrühren, kurz aufkochen lassen, eventuell mit Salz abschmecken und vom Herd nehmen. Die Hälfte der Brunnenkresse unterrühren. Auf einer Platte anrichten und mit der restlichen Brunnenkresse garniert servieren. Dazu Naturreis reichen.
Um einen besonders intensiven Kokosgeschmack zu erhalten, die leicht ausgekühlten Kokosflocken mit der Hand oder in einem Tuch ausdrücken und die zusätzliche Kokosmilch unter die Sauce rühren.
Wenn es ein richtiges Festmahl werden soll, reichen Sie ein Mango- oder Aprikosen-Chutney (S. 65, 104) dazu.

ARABISCHER GEMÜSETOPF

In arabischen Ländern wird zu vielen Gerichten als kalte Sauce Joghurt gereicht – eine wohlschmekkende, erfrischende Eßgewohnheit.

Für 3 Personen

4 EL Olivenöl
4 Knoblauchzehen, fein gehackt
1 Zwiebel, fein gehackt
1 TL Cumin
1 TL Paprika, edelsüß
½ TL Koriander
1 Prise Chili
2 rote Paprikaschoten, 3 mm dünne Streifen
400 g Zucchini, 1 cm dicke Scheiben
50 ml Gemüsebrühe
300 g Tomaten, geviertelt
Salz
1 Frühlingszwiebel, feine Ringe
200 g Joghurt

Olivenöl in einem großen flachen Topf (ca. 23 cm Durchmesser) erhitzen, Knoblauch und Zwiebel darin unter Rühren goldgelb anbraten. Cumin, Paprikapulver, Koriander und Chili dazugeben und unter Rühren kurz anbraten. Paprikastreifen zufügen, unter Rühren 3 Minuten anbraten. Zucchini hinzufügen, unter Rühren kurz anbraten, mit der Brühe aufgießen und zugedeckt 5 Minuten dünsten. Tomaten dazugeben, die Gemüse mit Salz abschmecken und zugedeckt noch 5 Minuten dünsten. Servieren Sie den Gemüsetopf mit Frühlingszwiebeln garniert und reichen Sie Joghurt dazu.
Dazu schmeckt gewürzte Hirse (S. 15), aber auch völkerverbindend Polenta mit Parmesan (S. 16).

ROSENKOHL IN INDISCHER MANDELCREMESAUCE

Schneiden Sie den geputzten Rosenkohl am Stielende kreuzförmig ein, so verkürzt sich die Garzeit.

Für 3 bis 4 Personen

2 EL Öl
1 TL frischer Ingwer, fein gehackt
1 Zwiebel, fein gehackt
3 Knoblauchzehen, fein gehackt
1 TL Cumin
¼ TL Zimt
1 Prise Chili
1 Prise Kardamom
700 g Rosenkohl
400 ml Gemüsebrühe
abgeriebene Schale von ½ ungespritzten Zitrone
2 EL Mandelmus
4 EL Sahne
1 EL Petersilie, fein gehackt

Öl in einem großen flachen Topf (ca. 23 cm Durchmesser) erhitzen. Ingwer, Zwiebel, Knoblauch darin unter Rühren anbraten. Cumin, Zimt, Chili und Kardamom zufügen und unter Rühren kurz anbraten. Rosenkohl zufügen, unter Rühren kurz anbraten. Gemüsebrühe und abgeriebene Zitronenschale dazugeben und das Gemüse zugedeckt in 15 Minuten weichkochen. Mandelmus mit der Sahne glattrühren, unter das Gemüse mischen und noch 2 Minuten leicht kochen. Das Gemüse mit Petersilie garniert servieren. Reichen Sie dazu Naturreis.
Dazu paßt Aprikosen-Chutney oder ein Chutney von frischem Mango (S. 65).

APRIKOSEN-CHUTNEY

300 g Aprikosen, kleine Schnitze
1½ EL Succanat oder Honig
1 Chilischote
1 Prise Zimt
1 Prise Kardamom
½ TL Ingwer, fein gehackt
abgeriebene Schale von ¼ ungespritzten Zitrone
50 ml Wasser

Alle Zutaten in einem kleinen Topf verrühren und 7 bis 10 Minuten zugedeckt leicht kochen. Die Aprikosen sollen sehr weich sein, aber nicht ganz zerfallen. Schmeckt heiß und kalt.

BUNTES GEMÜSE-CURRY IN KOKOSMILCH

Für 4 Personen

130 g Kokosflocken, ungesüßt
2 TL Instant-Gemüsebrühe
1 Chilischote
1 TL Curcuma
¾ TL Koriander
¾ TL Cumin
¼ TL Zimt
1 Prise Kardamom
1 Nelke
1 TL frischer Ingwer, fein gehackt
abgeriebene Schale von ½ ungespritzten Zitrone
½ Zwiebel, fein gehackt
3 Knoblauchzehen, fein gehackt
200 g Sellerie, 3 mm dünne Scheibchen
200 g Karotten, 3 mm dünne Scheibchen
300 g Brokkoli, mundgerechte Stücke
300 g grüne Bohnen
125 g Crème fraîche
½ EL Zitronensaft
Salz
1 EL Koriander, fein gehackt oder Petersilie, fein gehackt

Kokosflocken mit 500 ml Wasser im offenen Topf zum Kochen bringen und vom Herd nehmen (kocht über!). Dann durch ein Sieb gießen (die Flüssigkeit dabei auffangen), und die Kokosflocken mit dem Kochlöffel gut ausdrücken. In einem großen flachen Topf (ca. 23 cm Durchmesser) die Kokosmilch wieder erhitzen, mit Gemüsebrühe, Chili, Curcuma, Koriander, Cumin, Zimt, Kardamom, Nelke, Ingwer und abgeriebener Zitronenschale würzen. Die Kokosmilch im offenen Topf leicht köcheln, in dieser Zeit die Gemüse kleinschneiden. Die Gemüse in die Kokosmilch geben, zugedeckt 10 bis 13 Minuten kochen. Die Gemüse sollen weich sein, dürfen aber nicht zerfallen. Einen kleinen Schöpfer heißer Kokossauce mit Crème fraîche und Zitronensaft vermischen, dann wieder mit der restlichen Sauce mischen. Nochmals kurz erhitzen, eventuell mit Salz abschmecken und das Curry mit frischem Koriander oder Petersilie garniert servieren.
Reichen Sie dazu Naturreis oder indisch gewürzten Reis (S. 16) und ein Chutney aus frischen Aprikosen.
Für einen besonders intensiven Kokosgeschmack: Die leicht ausgekühlten Kokosflocken mit der Hand oder in einem Tuch kräftig ausdrücken und die zusätzliche Kokosmilch unter die Sauce mischen.

GEDÄMPFTER BLUMENKOHL

Für 4 Personen

1 mittelgroßer Blumenkohl, mundgerechte Stücke
1 EL Petersilie, fein gehackt

Blumenkohl in einem Metallsieb oder einem Dämpfeinsatz über kochendem Wasser zugedeckt in ca. 10 Minuten garen (das Metallsieb darf nicht mit dem Wasser in Berührung kommen). Den Blumenkohl in einer Schüssel anrichten, eventuell mit Sauce Hollandaise (S. 106) übergießen und mit Petersilie garniert servieren.

Kokosmilch
wird in der ostasiatischen und indischen Küche nicht nur für süße, sondern auch für reich gewürzte, pikante Speisen verwendet. Ein Gemüsecurry in Kokosmilch gekocht, ist ein wirkliches Eßerlebnis. Wenn Sie richtig stilecht essen wollen, garnieren Sie das Curry mit frischem Koriander. Kokosmilch ist einfach hergestellt: Kokosflocken mit Wasser aufkochen und die Milch durch ein Sieb abgießen. Für ein besonders intensives Kokosaroma, die leicht ausgekühlten Flocken nochmals fest auspressen. In asiatischen Lebensmittelgeschäften und großen Supermärkten gibt es auch 100% reines, konzentriertes Kokosmark zu kaufen. Dieses ist nur noch mit Wasser zu vermischen.

GRÜNER SPARGEL MIT SAUCE HOLLANDAISE »À LA WIRBELSTURM«

Grünen Spargel müssen Sie nicht schälen. Er kann darum in die Gruppe der schnellen Gemüse eingeordnet werden. Auch die dazu passende Hollandaise wird nicht langsam im Wasserbad geschlagen, sondern – welch ein Angriff auf die klassische Küche – mit einem Handmixer kinderleicht in Windeseile gerührt.

Hauptgericht für 2 Personen
Vorspeise für 4 Personen

1000 g grüner Spargel
Salz

Sauce Hollandaise:
3 Eigelb
1 gute Prise Salz
schwarzer Pfeffer, frisch gemahlen
2 EL Zitronensaft
125 g Butter

Spargelenden etwas abschneiden. Spargel in reichlich Salzwasser in ca. 20 Minuten garen. Dann abtropfen lassen und auf einer großen Platte anrichten. Für die Sauce Hollandaise eine kleine hohe Rührschüssel heiß ausspülen und abtrocknen. Die Rührschüssel in eine Schüssel mit heißem Wasser stellen. Eigelb mit dem Handrührgerät verrühren, Salz, Pfeffer und Zitronensaft unterrühren. In einem kleinen Topf die Butter zum Schmelzen bringen und leicht aufschäumen lassen, dann vom Herd nehmen. Den letzten Arbeitsgang, das Vermischen von Eigelb und heißer Butter, erst beginnen, wenn der Spargel fast fertig ist oder bereits auf der Servierplatte liegt. Den Handmixer auf höchster Stufe laufen lassen und die Eigelbmischung einige Sekunden rühren. Die heiße Butter zuerst tropfenweise und dann in einem dünnen Strahl unterrühren. Die Sauce Hollandaise sofort zum Spargel servieren.
Diese Sauce schmeckt auch ausgezeichnet zu Blattspinat (S. 64), Brokkoli und gedämpftem Blumenkohl (S. 105).

BLUMENKOHL-CURRY

Blumenkohl ist ein ideales Gemüse für Currygerichte. Die Blumenkohlröschen saugen sich voll mit würziger Sauce. Gemüse in Currysaucen gekocht, dürfen weich sein, aber nicht zerfallen; sie sollen ganz von den Aromastoffen durchdrungen sein.
Harmonisch abgerundet wird der Currygeschmack, wenn Sie dazu ein Aprikosen-Chutney (S. 104) reichen.

Für 3 Personen

1½ EL Öl
2 Knoblauchzehen, fein gehackt
1 Zwiebel, fein gehackt
250 ml Gemüsebrühe
1 Blumenkohl, mittelgroß, kleine Röschen
1 Prise Zimt
1 Prise Chili
1–2 TL Currypulver
3 EL Crème fraîche
Salz
Saft von ½ Zitrone
1 Tomate, kleine Würfel
1 EL Petersilie, fein gehackt

Öl in einem großen flachen Topf erhitzen, Knoblauch und Zwiebel darin 5 Minuten anbraten, ab und zu umrühren. In dieser Zeit Gemüsebrühe erhitzen und Blumenkohl kleinschneiden. Zimt, Chili und Currypulver zu der Zwiebel geben, kurz anrösten. Blumenkohl hinzufügen, unter Rühren kurz braten, mit der kochenden Brühe aufgießen, alles gut verrühren und das Gemüse zugedeckt 10 bis 12 Minuten köcheln. Während der Kochzeit des Blumenkohls die restlichen Zutaten kleinschneiden. Crème fraîche mit einem kleinen Schöpfer heißer Sauce vermischen, unter die Gemüse rühren und kurz erhitzen. Das Curry mit Salz abschmecken, vom Herd nehmen und mit Zitronensaft würzen. Das Blumenkohlcurry mit Tomatenwürfeln und Petersilie garniert servieren. Dazu Naturreis reichen.

NUDELGERICHTE

Fortsetzung: Pasta, damit basta

Dieses Kapitel des guten Essens können Sie endlos fortsetzen, es wird nie langweilig. Sie sind sich nicht sicher, was Sie kochen sollen? Mit einem Nudelgericht liegen Sie (fast) immer richtig. Kleinkinder und Großeltern, Onkel und Tanten, die ganz kritischen Nichten und der verwöhnte Cousin, alle langen sie kräftig zu, wenn die dampfende Schüssel mit Nudeln und »noch etwas« auf den Tisch kommt. Dieses »noch etwas« kann eine einfache Tomatensauce mit Mozzarella oder Parmesan sein oder Fenchel in raffiniert mit Safran gewürzter Sahnesauce oder vielleicht zur Abwechslung Auberginen, Tomaten, Pinienkerne und Basilikum. Was Sie auch wählen, die Pasta-Symphonie besetzt einen Spitzenplatz in der Hitparade der Schleckermäuler.

Die Entscheidung fällt schwer, probieren Sie alles nacheinander oder veranstalten Sie, wie ich, eine Spaghettiparty, bei der Sie verschiedene Nudelgerichte servieren. Ich hatte wieder einmal 5 Testesser geladen, zu einem Abend rund um die Pasta.

Das Gemüse stand fertig geschnitten in der Küche, alle anderen Zutaten waren abgewogen. Ich brauchte nur noch für jedes Gericht die Pasta und gleichzeitig die Sauce zu kochen. Als ersten Gang gab es Weizenvollkornspaghetti mit Spinat und Pilzen in Sahnesauce, dazu einen Blattsalat.

Als zweiten Gang gab es ein Gesellschaftsspiel, welches in hohem Maße flexibles und vorausschauendes Denken erforderte. Als dritten Gang servierte ich Hirsespaghetti mit Brokkoli, Lauch, Tomaten, Oliven und Schafskäse. Danach versicherten mir meine Testesser, sie wären kaum in der Lage, noch mehr zu verspeisen. Schade, denn es schmecke alles wunderbar. Doch nach einem weiteren Gesellschaftsspiel, das die Gemüter erhitzte und zu offenen Fraktionsbildungen unter den Testessern führte, war plötzlich der Appetit aufs Neue geweckt, und ich kochte schnell Spaghetti mit Paprika, Tomaten und Gorgonzola. Dadurch wurde die Einigkeit unter den Testern wieder hergestellt, sie äußerten sich alle höchst zufrieden mit dieser cremigen Gemüse-Käse-Kombination, spielten jedoch gleich darauf mit Vehemenz und Spaghetti gestärkter Leidenschaft weiter. Mir blieb nur übrig die Verlierer mit Sesam gefüllten Datteln zu trösten (S. 40). Der Gewinner bekam den gleichen Nachtisch; er verspeiste ihn im Bewußtsein, daß diesmal ausnahmsweise die überlegene Strategie und nicht ein zufälliges Glück den Ausgang des Spieles bestimmt hatte.

NUDELN MIT SPINAT UND PILZEN

Probieren Sie einmal Hirsenudeln, Buchweizenspaghetti oder Sojanudeln. In Naturkostgeschäften und auch in den Naturkostabteilungen der Supermärkte finden Sie ein abwechslungsreiches Angebot.

Für 4 Personen

250 g Vollkornnudeln
Salz
400 g Spinat
3 EL Olivenöl
4 Knoblauchzehen, fein gehackt
300 g Champignons, dünne Scheiben
1 Prise Thymian
70 ml Sahne
3 EL Crème fraîche
100 g Parmesan
schwarzer Pfeffer, frisch gemahlen
1 Frühlingszwiebel, feine Ringe

Für die Nudeln reichlich Salzwasser zum Kochen bringen. Spinat mit etwas Salz in einem geschlossenen Topf in 5 Minuten zusammenfallen und in einem Sieb abtropfen lassen. Die Nudeln in kochendem Salzwasser in 8 bis 10 Minuten al dente kochen. In dieser Zeit die Sauce kochen: In einer großen Pfanne das Olivenöl erhitzen, Knoblauch darin kurz anbraten, Champignons zufügen, mit Thymian würzen und 3 Minuten unter Rühren braten. Die Pilze salzen, Sahne untermischen und die Sauce 3 Minuten einkochen. Den abgetropften Spinat zu den Pilzen geben, die Gemüse vermischen und 3 Minuten in der offenen Pfanne köcheln. Die abgetropften, heißen Nudeln in eine vorgewärmte Schüssel geben und mit Crème fraîche vermischen. Gemüse, 50 g Parmesan, frisch gemahlenen Pfeffer und Frühlingszwiebel dazugeben, alles gut vermischen und sofort servieren. Restlichen Parmesan dazu reichen.

SPAGHETTI MIT SAFRANCREME, FENCHEL UND PINIENKERNEN

Kaufen Sie kleine, junge Fenchelknollen – sie haben ein feineres Aroma.

Für 2 bis 3 Personen

150 g Vollkornspaghetti
Salz
2 EL Olivenöl
1 Zwiebel, fein gehackt
400 g Fenchel, 3 mm breite Streifen
100 ml Gemüsebrühe
1 Prise Safranfäden
3 EL Pinienkerne
50 ml Sahne
2 EL Petersilie, fein gehackt
30 g Parmesan
schwarzer Pfeffer, frisch gemahlen

Für die Spaghetti reichlich Salzwasser zum Kochen bringen. In einer großen Pfanne Öl erhitzen, Zwiebel darin in 5 Minuten goldgelb anbraten, ab und zu umrühren. Spaghetti im kochenden Salzwasser in 8 bis 10 Minuten al dente kochen. In dieser Zeit die Sauce fertig kochen: Fenchel zu der Zwiebel geben, leicht salzen, 3 Minuten unter Rühren anbraten. Mit der Gemüsebrühe aufgießen, Safranfäden und Pinienkerne untermischen und das Gemüse zugedeckt 5 Minuten dünsten. Sahne in das Fenchelgemüse rühren und die Sauce 3 Minuten einkochen lassen. Petersilie kleinschneiden. In einer vorgewärmten Schüssel die abgetropften, heißen Spaghetti mit Fenchelgemüse, Petersilie, Parmesan und frisch gemahlenem Pfeffer vermischen.

Spaghetti anrichten
Die heißen, abgetropften Spaghetti werden kurz vor dem Servieren mit der Sauce, Gemüse und Käse in einer großen Servierschüssel vermischt. Damit Ihr herrliches Nudelgericht nicht zu schnell kalt wird: Füllen Sie die Schüssel einige Minuten vor dem Servieren mit heißem Wasser. Das Wasser erst kurz vor dem endgültigen Vermischen von Pasta und Sauce ausleeren, und die Schüssel abtrocknen.

SPAGHETTI MIT ZUCCHINI UND SENFCREME

Für 4 Personen

250 g Vollkornspaghetti
Salz
3 EL Olivenöl
4 Knoblauchzehen, fein gehackt
600 g Zucchini, 3 mm dünne Scheiben
1 Prise Basilikum
1 Prise Thymian
1 Prise abgeriebene Schale einer ungespritzten Zitrone
150 g Crème fraîche
2 TL Dijon-Senf
1 Ei
2 EL Petersilie, fein gehackt
60 g Parmesan

Die Spaghetti in reichlich Salzwasser in 8 bis 10 Minuten al dente garen. Olivenöl in einer großen Pfanne oder einem flachen Topf erhitzen. Knoblauch darin kurz anbraten. Zucchini mit Basilikum, Thymian und abgeriebener Zitronenschale würzen und darin 8 Minuten unter Rühren braten, salzen. Crème fraîche, Senf und Ei mit 4 Eßlöffeln Nudelkochwasser verrühren. Die abgetropften, heißen Spaghetti in einer vorgewärmten Schüssel mit der Senfcreme vermischen. Zucchini, Petersilie und die Hälfte des Parmesans dazugeben und alles gut vermischen. Den restlichen Parmesan dazu reichen.

SPAGHETTI MIT TOMATENSAUCE, UND MOZZARELLA UND OLIVEN

Für 4 Personen

250 g Vollkornspaghetti
Salz
600 g Tomaten, enthäutet, kleine Stücke oder geschälte Tomaten aus der Dose
3 EL Olivenöl
3 Knoblauchzehen, fein gehackt
1 Zwiebel, fein gehackt
½ TL Basilikum
¼ TL Oregano
¼ TL Thymian
150 g Mozzarella, sehr kleine Stücke
10 Oliven, Stücke
1–2 TL Kapern
1 Frühlingszwiebel, feine Ringe
2 EL Petersilie, fein gehackt
50 g Parmesan, gerieben
schwarzer Pfeffer, frisch gemahlen

Für die Spaghetti reichlich Salzwasser zum Kochen bringen. Wenn Sie frische Tomaten verwenden, 1000 ml Wasser zum Kochen bringen. In einem großen flachen Topf das Olivenöl erhitzen, Knoblauch und Zwiebel darin 8 Minuten anbraten, ab und zu umrühren. In dieser Zeit die Tomaten kurz ins kochende Wasser legen, abgießen, abtropfen lassen, häuten und in Stücke schneiden. Spaghetti im kochenden Salzwasser in 8 bis 10 Minuten al dente kochen. In dieser Zeit die Sauce zubereiten: Tomatenstücke, Basilikum, Oregano und Thymian zu der Zwiebel geben, mit Salz abschmecken und die Sauce im offenen Topf 10 Minuten einkochen lassen, ab und zu umrühren. Die restlichen Zutaten kleinschneiden. In einer vorgewärmten Schüssel die abgetropften, heißen Spaghetti mit Tomatensauce, Mozzarella, Oliven, Kapern, Frühlingszwiebeln, Petersilie, Parmesan und schwarzem Pfeffer vermischen und sofort servieren.

Geschälte Tomaten aus der Dose, Tomatenpüree aus dem Tetra-Pack und Tomatenmark
sind die einzigen Konserven, die ich zum Kochen verwende. Die Zeit, in der es aromatische Tomaten zu kaufen gibt, mit denen die Saucen nach Tomate schmecken, ist einfach zu kurz, sogar im sonnigen Italien, wo die Frauen zum Teil ihren eigenen »Pelati«-Vorrat fürs ganze Jahr in großen Gläsern einmachen.

SPAGHETTI MIT PAPRIKA, TOMATEN UND GORGONZOLA

Für 4 Personen

250 g Spaghetti
Salz
500 g Tomaten, abgezogen, kleine Stücke oder geschälte Tomaten aus der Dose
2 EL Olivenöl
4 Knoblauchzehen, fein gehackt
3 gelbe Paprikaschoten, 3 mm dünne Streifen
1 Prise Oregano
1 Prise Chili
150 g Gorgonzola, kleine Stücke
80 g Parmesan, gerieben
1 Frühlingszwiebel, feine Ringe

Für die Spaghetti reichlich Salzwasser zum Kochen bringen. Wenn Sie frische Tomaten verwenden 1000 ml Wasser zum Kochen bringen, die Tomaten kurz hineingeben, abgießen, abziehen und in Stücke schneiden. Olivenöl in einer großen Pfanne oder einem flachen Topf erhitzen, Knoblauch darin kurz anbraten. Paprikastreifen zufügen, unter Rühren 5 Minuten anbraten und salzen. Spaghetti in reichlich kochendem Salzwasser in 8 bis 10 Minuten al dente kochen. In dieser Zeit die Sauce fertig kochen: Tomatenstücke zu den Paprika geben, mit Oregano und Chili würzen. Die Sauce 8 bis 10 einkochen, ab und zu umrühren und mit Salz würzen. In einer vorgewärmten Schüssel die abgetropften, heißen Spaghetti mit dem Gorgonzola vermischen. Die Nudeln sollen mit einer gleichmäßigen Käseschicht überzogen sein. Die Paprika-Tomatensauce dazugeben, alles gut vermischen und mit Frühlingszwiebeln garnieren. Reichen Sie den Parmesan zu den Spaghetti.

NUDELN MIT GEMÜSE UND SCHAFSKÄSE

Für 4 Personen

250 g Vollkornnudeln
Salz
500 g Tomaten, abgezogen, kleine Stücke oder Tomaten aus der Dose
3 EL Olivenöl
4 Knoblauchzehen, fein gehackt
300 g Brokkoli, kleine Röschen
200 g Lauch, längs halbiert, 1 cm breite Streifen
1 Prise Thymian
1 Prise Basilikum
200 g Schafskäse (Feta), kleine Stücke
2 EL Petersilie, fein gehackt
10 schwarze Oliven, kleine Stücke
schwarzer Pfeffer, frisch gemahlen

Für die Nudeln reichlich Salzwasser zum Kochen bringen. Wenn Sie frische Tomaten verwenden, 1000 ml Wasser zum Kochen bringen. Olivenöl in einem großen flachen Topf erhitzen, Knoblauch darin kurz anbraten, Brokkoliröschen und Lauch zufügen, kurz anbraten, salzen und zugedeckt 10 Minuten dünsten lassen. Währenddessen die Tomaten kurz ins kochende Wasser geben, abgießen, häuten und in Stücke schneiden. Spaghetti im kochenden Salzwasser in 8 bis 10 Minuten al dente kochen. In dieser Zeit die Sauce fertig kochen: Tomatenstücke zu den Gemüsen geben, mit Thymian und Basilikum würzen, die Gemüse zugedeckt 6 Minuten köcheln und mit Salz abschmecken. In einer vorgewärmten Schüssel die abgetropften, heißen Spaghetti mit dem Schafskäse gut vermischen. Gemüsesauce, Petersilie und Oliven dazugeben, alles vermischen, mit schwarzem Pfeffer abschmecken und sofort servieren.

SPAGHETTI ALL'ARRABIATA

Die wütenden Nudeln: mit Tomaten, Peperoni und Räucherkäse

Für 4 Personen

250 g Vollkornspaghetti
Salz
700 g Tomaten, abgezogen, kleine Stücke oder geschälte Tomaten aus der Dose
3 EL Olivenöl
2 Zwiebeln, fein gehackt
3 Knoblauchzehen, fein gehackt
1–2 Peperoni, fein gehackt
½ TL Oregano
150 g Natur-Räucherkäse (z. B. Bruder Basil oder Ostjepke) (S. 33), sehr kleine Stücke
1 Bund Petersilie, fein gehackt
1 Frühlingszwiebel, feine Ringe
80 g Parmesan, gerieben

Für die Spaghetti reichlich Salzwasser zum Kochen bringen. Wenn Sie frische Tomaten verwenden, 1000 ml Wasser zum Kochen bringen. Öl in einem großen flachen Topf erhitzen. Zwiebeln, Knoblauch und Peperoni darin in 8 Minuten goldgelb braten. Ab und zu umrühren. Währenddessen die Tomaten kurz in das kochende Wasser legen, abgießen, abtropfen lassen, häuten und in Stücke schneiden. Spaghetti im kochenden Salzwasser in 8 bis 10 Minuten al dente kochen. In dieser Zeit die Sauce fertig kochen: Tomaten zu den Zwiebeln geben, mit Oregano und Salz würzen. Die Tomaten in 10 Minuten unter gelegentlichem Rühren im offenen Topf zu einer dicken Sauce einkochen. In der Zwischenzeit die restlichen Zutaten kleinschneiden. Die abgetropften, heißen Spaghetti in eine große Schüssel geben, mit Räucherkäse, Petersilie und Frühlingszwiebeln vermischen und sofort servieren. Reichen Sie den Parmesan separat zu den Spaghetti.

SPAGHETTI MIT AUBERGINEN, TOMATEN UND PINIENKERNEN

Für 4 Personen

250 g Vollkornspaghetti
Salz
6 EL Olivenöl
2 große Auberginen, 1 cm dicke Längsscheiben
4 Knoblauchzehen, fein gehackt
500 g geschälte Tomaten aus der Dose, kleine Stücke
¼ TL Oregano
¼ TL Thymian
1 Bund Basilikum, fein geschnitten
30 g Pinienkerne
100 g Parmesan oder Pecorino, gerieben
schwarzer Pfeffer, frisch gemahlen

Für die Spaghetti reichlich Salzwasser zum Kochen bringen. Ein großes Backblech mit 2 Eßlöffeln Olivenöl ausstreichen, Auberginenscheiben darauf legen, leicht salzen und mit 2 Eßlöffeln Olivenöl beträufeln. Die Auberginenscheiben im vorgeheizten Ofen bei mittlerer Hitze insgesamt 20 Minuten backen, nach 10 Minuten einmal wenden. In dieser Zeit die Spaghetti im Salzwasser al dente kochen und die Tomatensauce zubereiten: Das restliche Olivenöl in einer großen Pfanne oder einem flachen Topf erhitzen, Knoblauch darin kurz anbraten, Tomatenstücke zufügen, mit Oregano und Thymian würzen und mit Salz abschmecken. Die Tomaten in 8 bis 10 Minuten zu einer dicken Sauce einkochen lassen, dabei ab und zu umrühren. Die gebackenen Auberginenscheiben in 2 cm breite Streifen schneiden. In einer vorgewärmten Schüssel die abgetropften, heißen Spaghetti mit Tomatensauce, Auberginenstreifen, Basilikum, Pinienkernen und der Hälfte des Parmesans vermischen. Mit schwarzem Pfeffer bestreut servieren. Reichen Sie den restlichen Parmesan separat zu den Spaghetti.

SPAGHETTI MIT CHAMPIGNONS AUF GEDÜNSTETEN TOMATEN

Kochen Sie dieses Gericht mit reifen, aromatischen Eiertomaten. Diesmal werden die Nudeln nicht mit dem Gemüse vermischt. Den Anblick der mit Basilikum bestreuten, gebratenen Pilze auf einem Bett von Tomaten sollten Sie pur genießen.

Für 3 Personen

500 g Eiertomaten
200 g Spaghetti
Salz
30 g Butter
1 kleines Bund Basilikum, fein geschnitten
2 EL Olivenöl
3 Knoblauchzehen, fein gehackt
300 g Champignons, feinblättrig geschnitten
Pfeffer
einige Basilikumblättchen zum Garnieren
60 g Parmesan, gerieben

Tomaten kurz in kochendes Wasser geben, abgießen, häuten und vierteln. Nudeln in reichlich Salzwasser in 8 bis 10 Minuten al dente kochen. In dieser Zeit das Gemüse zubereiten: Butter erhitzen, Tomatenviertel darin bei mäßiger Hitze 7 Minuten andünsten (sie dürfen nicht zerfallen), salzen, Basilikum unterrühren. Währenddessen das Olivenöl in einer Pfanne erhitzen, Knoblauch darin kurz anbraten. Champignons zufügen, salzen und unter Rühren bei großer Hitze 2 bis 3 Minuten braten. Die Tomaten in einer Schüssel anrichten, Champignons obenauf geben, frisch gemahlenen Pfeffer und Basilikumblättchen darüberstreuen und alles mit geriebenem Parmesan zu den Nudeln reichen.

SPAGHETTI MIT SAHNESAUCE, BROKKOLI, PILZEN UND LAUCH

Für 4 Personen

250 g Spaghetti
Salz
2 EL Olivenöl
2 Knoblauchzehen, fein gehackt
200 g Brokkoli, kleine Röschen
200 g Champignons, 0,5 cm dünne Scheiben
200 g Lauch, längs halbiert, 1,5 cm breite Streifen
100 ml Gemüsebrühe
¼ TL Thymian
2 EL Weißwein
125 g Crème fraîche
3 EL Petersilie, fein gehackt
schwarzer Pfeffer, frisch gemahlen
80 g Parmesan, gerieben

Für die Spaghetti reichlich Salzwasser zum Kochen bringen. Olivenöl in einem großen flachen Topf erhitzen, Knoblauch darin kurz anbraten. Brokkoli, Champignons und Lauch zufügen, leicht salzen und unter Rühren kurz anbraten. Mit der Gemüsebrühe aufgießen, mit Thymian würzen und bei geschlossenem Deckel 8 Minuten köcheln. Spaghetti im kochenden Salzwasser in 8 bis 10 Minuten al dente kochen. Weißwein und die Hälfte der Crème fraîche vermischen und unter das Gemüse rühren. Das Gemüse im offenen Topf noch 3 bis 4 Minuten köcheln und die Sauce etwas reduzieren lassen. Die Gemüse sollen noch Biß haben. Die abgetropften, heißen Spaghetti in eine große, vorgewärmte Schüssel geben und mit dem Rest der Crème fraîche vermischen. Gemüse, Petersilie, Pfeffer und die Hälfte des Parmesans dazugeben. Alles gut vermischen und sofort servieren. Reichen Sie den restlichen Parmesan zu den Spaghetti.

AUS DEM BACKOFEN
Mit wenig Aufwand große Wirkung

Mit Gerichten aus dem Ofen tut sich die Köchin und der Koch selbst einen Gefallen. Rasch sind die Zutaten klein geschnitten und in die Form geschichtet. Steht das Gericht erst einmal im heißen Ofen, kann man sich mit Muße einem Salat oder Dessert widmen. Besonders bewähren sich Ofengerichte bei Einladungen, mindern sie doch den Streß, der leicht aufkommt, kocht man einige Gerichte gleichzeitig. Und ein weiterer Vorteil: Ofengerichte sind mundwässernd anzusehen und schmecken herrlich deftig. Grüne Brokkoliröschen, rote Tomatenscheiben, schwarze Olivenstückchen – umschmolzen von weißem Schafskäse. Saftige Auberginenscheiben mit Mozzarella und Parmesan. Kräutergefüllte Champignons und ein knuspriges Kartoffelgratin. Auf die Ahs und Ohs, wenn das Essen aufgetragen wird, kommt's an.

Kochen kann eine sehr zufriedenstellende Tätigkeit sein. Sofort kommt die Reaktion auf die Arbeit, das Instant-Lob. Kein stunden- oder gar jahrelanges Warten auf die Anerkennung, gleich können die Esser in Begeisterung ausbrechen, und je schöner ein Gericht aussieht, wenn es aufgetragen wird, um so schneller tun sie es.
Vergessen Sie das Vorurteil, daß gute Köchinnen und Köche selbstlose Menschen sind, die nur zum Wohle der Menschheit wirken. Nein, sie können einfach nicht warten, sie wollen Anerkennung nach dem ersten Biß!

Gemüse aus dem Backofen
Ihre Arbeitszeit bei diesen Gerichten sind 10 Minuten, den Rest erledigt der Ofen in 15 bis 20 Minuten. Kleine Gemüse mit kurzer Garzeit wie Tomaten und Champignons, können Sie ganz und gefüllt backen. Größere Gemüse wie Auberginen oder Zucchini werden in dünne Scheiben geschnitten, Blumenkohl und Brokkoli in kleine Röschen zerlegt. Die Garzeit verkürzt sich beträchtlich, wenn das Gemüse in einer Schicht den Boden eines Backblechs oder einer großen Auflaufform bedeckt. Der geschmackliche Vorteil dieser Backmethode: Durch die kürzere Garzeit bleibt das Gemüse knackig, jede Portion hat viel Kruste.
Die »große Auflaufform«, die Sie für die Gerichte benötigen, ist ca. 38 cm auf 23 cm groß und 7 cm hoch. Ich habe eine emaillierte Metallform benutzt. Das Metall hat den Vorteil, daß es sich schneller aufheizt und so auch zur kürzeren Garzeit beiträgt.

CHAMPIGNONS MIT KRÄUTERFÜLLUNG UND ZITRONEN-CREME

Hauptspeise für 3 Personen
Vorspeise für 5 Personen

2 TL Butter
10 große Champignons
½ Bund Petersilie, fein gehackt
½ Bund Dill, fein gehackt
1 EL Frühlingszwiebeln, feine Ringe
1 Knoblauchzehe, fein gehackt
½ Scheibe Weizenvollkorntoast, zerkrümelt oder 2 EL Vollkornsemmelbrösel
1 Prise geriebene Muskatnuß
1 kleines Ei
Salz

Zitronencreme:
½ EL Butter
200 ml Gemüsebrühe
1 Prise Piment
abgeriebene Schale von ¼ ungespritzten Zitrone
3 EL Crème fraîche
½ EL Zitronensaft
schwarzer Pfeffer, frisch gemahlen

Eine kleine flache Auflaufform mit 1 Teelöffel Butter ausstreichen. Die Stiele der Champignons entfernen und beiseite stellen. Die Champignons nebeneinander in die Auflaufform setzen. Bis auf die restliche Butter, alle übrigen Zutaten gut vermischen und als Füllung in die Champignons geben. Die restliche Butter auf den Champignons verteilen, und die Pilze im vorgeheizten Ofen bei mittlerer Hitze 18 bis 20 Minuten backen.
Zitronencreme: Die Champignonstiele kleinschneiden. Die restliche Butter in einem kleinen Topf erhitzen und die Champignonstückchen 2 Minuten anbraten. Gemüsebrühe, Piment und Zitronenschale zufügen, und die Sauce 5 Minuten einkochen. Crème fraîche unterrühren, die Sauce nochmals kurz unter Rühren erhitzen, mit Zitronensaft und Pfeffer abschmecken und zu den Champignons servieren. Wenn Sie die Champignons als Hauptgericht reichen, servieren Sie Reis dazu.

KNOBLAUCHBROT

1 Vollkornbaguette
50 g Butter
3 Knoblauchzehen, gepreßt
1 EL Petersilie, fein gehackt
schwarzer Pfeffer, frisch gemahlen
Salz

Das Baguette in Abständen von 2 cm bis auf halbe Höhe einschneiden. Butter, Knoblauch und Petersilie vermischen, mit Pfeffer und Salz abschmecken. Die Knoblauchbutter in die Einschnitte streichen, das Baguette im vorgeheizten Ofen 5 bis 7 Minuten backen.

BLUMENKOHL MIT TOMATEN UND CAMEMBERT ÜBERBACKEN

Für 4 Personen

1 großer Blumenkohl, kleine Röschen
Salz
1 EL Butter
4 Tomaten, dünne Scheiben
1 Bund Petersilie, fein gehackt
½ TL Basilikum
Pfeffer, frisch gemahlen
200 g Camembert, ohne Rinde, dünne Scheiben

Blumenkohl in reichlich Salzwasser in 7 bis 9 Minuten al dente kochen. In dieser Zeit die restlichen Zutaten kleinschneiden. Blumenkohl abgießen und abtropfen lassen. Eine große Auflaufform mit 1 Teelöffel Butter ausstreichen. Den gekochten Blumenkohl und die Tomatenscheiben abwechselnd in Schichten in die Auflaufform geben. Die Gemüse mit Petersilie und Basilikum bestreuen, leicht salzen und pfeffern. Camembertscheiben und die restliche Butter auf dem Gemüse verteilen. Das Gratin im vorgeheizten Ofen bei mittlerer Hitze 15 Minuten backen.

BROKKOLI MIT TOMATEN, OLIVEN UND SCHAFSKÄSE ÜBERBACKEN

Für 3 bis 4 Personen

500 g Brokkoli, kleine Röschen
Salz
300 g Tomaten, dünne Scheiben
200 g Schafskäse (Feta), kleine Stückchen
3 EL Olivenöl
1 Prise Basilikum
1 Prise Oregano
1 Prise Thymian
schwarzer Pfeffer, frisch gemahlen
2 Knoblauchzehen, fein gehackt
12 schwarze Oliven
2 EL Petersilie, fein gehackt

Brokkoli in kochendem Salzwasser 5 Minuten blanchieren, abgießen und abtropfen lassen. Tomaten und Schafskäse kleinschneiden. Ein kleines Backblech oder eine große flache Auflaufform mit 1 Eßlöffel Olivenöl ausstreichen, die Brokkoliröschen eng nebeneinander, in einer Schicht auf das Backblech legen (die Form soll ganz ausgefüllt sein). Mit Tomatenscheiben bedecken. Gewürze, Knoblauch und Oliven darauf streuen. Das restliche Olivenöl und den Schafskäse darüber verteilen. Das Gratin im vorgeheizten Ofen 15 Minuten bei starker Hitze überbacken und mit Petersilie garniert servieren.

GEGRILLTE PAPRIKASCHOTEN

Sehr beliebt in Mittelmeerländern.

Für 4 Personen

8 lange, schmale Paprikaschoten
Salz

Die ganzen Paprikaschoten auf den Rosteinsatz des vorgeheizten Backofens geben. Die Paprikaschoten bei guter Hitze 20 bis 30 Minuten backen, dabei einmal wenden. Die Paprikaschoten sind gar, wenn die Haut Blasen wirft. Die Paprikaschoten gleich servieren, jeder zieht selbst die Haut ab und salzt nach Belieben.
Schmeckt gut zu Polenta und Tomatensauce oder auch zu Knoblauchbrot (S. 115), das sie gleich mit den Paprikaschoten im Ofen backen können.
Salat »California« (S. 30), gegrillte Paprikaschoten und Knoblauchbrot – in einer halben Stunde ist das schönste Sommeressen zubereitet!

CHICORÉE PROVENÇALE

Für 4 Personen

3½ EL Olivenöl
4 große Chicorée, der Länge nach geviertelt
4 Tomaten, Schnitze
Salz
schwarzer Pfeffer, frisch gemahlen
2 Frühlingszwiebeln, feine Ringe
1 Bund Petersilie, fein gehackt
2 Knoblauchzehen, fein gehackt
¼ TL Oregano
¼ TL Basilikum
¼ TL Thymian
50 g Parmesan, gerieben
½ EL Butter

Eine große Auflaufform mit ½ Eßlöffel Olivenöl ausstreichen. Die Chicorée-Viertel abwechselnd mit den Tomatenschnitzen in die Form legen. Es soll nur der Boden der Form in einer Schicht bedeckt sein. Chicorée salzen und pfeffern. Frühlingszwiebeln, Petersilie, Knoblauch, Oregano, Basilikum und Thymian über die Gemüse streuen. 3 Eßlöffel Olivenöl darüber verteilen. Parmesan daraufstreuen und die Butter in Flöckchen auf dem Parmesan verteilen. Den Chicorée im vorgeheizten Ofen bei mittlerer Hitze 20 Minuten backen.

MEXIKANISCHE EIER

Ein deftiges Frühstück, schmeckt aber auch zu anderen Tageszeiten.

Für 2 bis 4 Personen

2 EL Olivenöl
2 Knoblauchzehen, fein gehackt
4 Tomaten, kleine Würfel
1 Prise Oregano
1 Prise Chili
1 Prise Cumin
Salz
4 Eier
50 g junger Gouda, gerieben
1 Frühlingszwiebel, feine Ringe

In einer großen Pfanne mit feuerfestem Griff das Olivenöl erhitzen, Knoblauch darin kurz anbraten, Tomaten und Gewürze zufügen, mit Salz abschmecken. Die Tomaten unter Rühren 7 Minuten einkochen lassen. Eier auf die Tomaten schlagen, leicht salzen, mit Käse bestreuen und im vorgeheizten Ofen bei guter Hitze 5 bis 7 Minuten backen. Das Eiweiß soll fest und der Käse geschmolzen sein. Das Gericht in der Pfanne mit Frühlingszwiebeln garniert servieren. Dazu schmecken kräftiges Vollkornbrot, Hirse oder – ganz mexikanisch – Mais-Chips, die es im Naturkostgeschäft zu kaufen gibt.

FLORENTINER SPINAT-EIER

Spiegeleier und Spinat, schon für unsere Großmütter ein klassisches Gericht. Weiter zurück läßt sich die kulinarische Familiengeschichte nur schlecht verfolgen. Jetzt ist die Zeit für eine neue Variante gekommen, ein italienisches Rezept: die traditionelle Kombination wird in den Ofen gesteckt und mit Tomaten und Parmesan überbacken.

Für 4 Personen

900 g Spinat
Salz
1½ EL Olivenöl
2 EL Sahne
4 Eier
1 Tomate, Scheiben
50 g Parmesan
1 Knoblauchzehe, fein gehackt

Den gewaschenen Spinat in einem großen Topf kurz in reichlich kochendem Salzwasser blanchieren, bis die Bätter zusammenfallen, dann abgießen, abtropfen lassen und leicht ausdrücken. Eine große Auflaufform mit 1 Teelöffel Olivenöl ausstreichen. Spinat in der Form ausbreiten, die Spinatschicht soll nicht dicker als 2 cm sein. Die Sahne darüber verteilen, leicht salzen. Eier auf den Spinat schlagen, Tomatenscheiben in das Eiweiß legen. Parmesan und Knoblauch über die Eier streuen, das restliche Olivenöl darüber verteilen. Die Spinat-Eier im vorgeheizten Ofen 10 Minuten bei mittlerer Hitze backen.
Dazu schmecken, wie könnte es anders sein, Pellkartoffeln oder Kartoffelbrei, aber auch Hirse und Polenta (S. 15/16).

GRATIN AUS GERIEBENEN KARTOFFELN

Ein dünner, knuspriger Kartoffelkuchen – schmeckt Kindern besonders gut.

Für 3 Personen

1½ EL Butter
700 g Kartoffeln, grob gerieben
30 g Weizenvollkornmehl, auf feinster Stufe gemahlen
2 Eier
Salz

Eine große flache Auflaufform oder ein kleines Backblech mit ½ Eßlöffel Butter üppig ausstreichen. Geriebene Kartoffeln leicht ausdrücken, mit Mehl und Eiern vermischen, salzen. Die Kartoffelmasse in die Auflaufform streichen. Die Schicht soll nicht dicker als ¾ cm sein. Die restliche Butter darüber verteilen. Das Gratin im vorgeheizten Ofen bei guter Hitze 20 Minuten backen.

AUBERGINENPIZZA MIT KALTER TOMATEN-OLIVEN-SAUCE

Statt Teig, gebackene Auberginenscheiben – ein üppiges Mahl, einfachst zubereitet.

Für 4 Personen

6 EL Olivenöl
700 g Auberginen, 1 cm dicke Scheiben
Salz
300 g Mozzarella, dünne Scheiben
50 g Parmesan, gerieben

Tomaten-Olivensauce:
300 g Tomaten, sehr kleine Würfel
12 schwarze Oliven, entsteint, kleine Stücke
1 Knoblauchzehe, fein gehackt
1 Bund Petersilie, fein gehackt
2 Frühlingszwiebeln, feine Ringe
1 Prise Basilikum
1 Prise Oregano
1 Prise Thymian
2 EL Olivenöl
schwarzer Pfeffer, frisch gemahlen
Salz

Ein Backblech mit 2 Eßlöffeln Olivenöl bestreichen, die Auberginenscheiben darauf legen, leicht salzen, mit 2 Eßlöffeln Olivenöl beträufeln, im vorgeheizten Ofen bei mittlerer Hitze 15 Minuten backen. Die Auberginenscheiben wenden, eventuell noch etwas Öl auf das Blech geben. Die Auberginenscheiben mit Mozzarella belegen und mit Parmesan bestreuen. Die Auberginenpizza 5 Minuten backen.
Tomaten-Olivensauce: Alle Zutaten gut miteinander vermischen. Die Sauce zu den überbackenen Auberginen reichen. Schmeckt zu Reis, Polenta oder Hirse (S. 15, 16).

Kalte Saucen zu heißen Speisen
Für dieses Kochbuch habe ich kalte Gemüsesaucen schätzen gelernt. Gemüse kleinschneiden, mit Öl oder Joghurt und Gewürzen vermischen. In den Garzeiten des Hauptgerichts sind die leckersten Saucen fertig. Besonders beliebt: kalte Tomatensaucen, hier zwei Varianten.

ZUCCHINI-GRATIN MIT KALTER TOMATEN-KRÄUTER-SAUCE

Für 4 Personen

1 EL Butter
800 g Zucchini, 5 mm dünne Längsscheiben
Salz
100 ml Sahne
60 g Parmesan, gerieben

Tomaten-Kräutersauce:
3 Tomaten, sehr kleine Würfel (3 mm)
1 kleines Bund Basilikum, fein gehackt
1 Frühlingszwiebel, feine Ringe
1 Knoblauchzehe, fein gehackt
1 EL Olivenöl
schwarzer Pfeffer, frisch gemahlen
Salz

Eine große flache Auflaufform mit 1 Teelöffel Butter fetten. Zucchinischeiben eng aneinander in die Form legen. Die Schicht soll nicht dicker als 2,5 cm sein. Salzen, mit Sahne begießen, Parmesan darüberstreuen und die restliche Butter darauf verteilen. Im vorgeheizten Ofen bei mittlerer Hitze 18 bis 20 Minuten überbacken.
Tomaten-Kräutersauce: Alle Zutaten gut vermischen und zu dem Gratin servieren. Schmeckt zu Reis, Polenta oder Hirse (S. 15, 16).

VERONESER ROSENKOHLGRATIN

Schon Romeo und Julia konnten nicht genug davon kriegen!

Für 4 Personen

Salz
700 g Rosenkohl
3 EL Olivenöl
4 Tomaten, dünne Scheiben
2 Knoblauchzehen, fein gehackt
1 Prise Chili
¼ TL Oregano
¼ TL Thymian
½ TL Basilikum
12 schwarze Oliven, kleine Stücke
1 EL Kapern
300 g Mozzarella, dünne Scheiben
40 g Parmesan, gerieben
1 EL Butter

In einem großen Topf 1500 ml Salzwasser zum Kochen bringen. Währenddessen Rosenkohl putzen und am Stielende kreuzförmig einschneiden (dadurch verringert sich die Garzeit). Rosenkohl im Salzwasser 7 Minuten al dente kochen. In dieser Zeit die restlichen Zutaten kleinschneiden. Rosenkohl abgießen und abtropfen lassen. Eine große Auflaufform mit wenig Olivenöl ausstreichen, Rosenkohl und Tomatenscheiben abwechselnd in die Form geben. Die Form soll so groß sein, daß nur der Boden in einer Schicht bedeckt ist. Die Gemüse leicht salzen. Knoblauch, Gewürze, Oliven, Kapern und das restliche Olivenöl über dem Gemüse verteilen. Das Gratin mit Mozzarellascheibchen belegen und mit Parmesan bestreuen. Butterflöckchen obenauf verteilen. Das Gratin im vorgeheizten Ofen bei guter Hitze 10 Minuten backen.

TOMATEN MIT GORGONZOLA-FÜLLUNG

Vorspeise für 6 Personen
Hauptgericht für 3 Personen

1 TL Butter
6 kleine Tomaten
100 g Gorgonzola, kleine Stücke
1 Bund Petersilie, fein gehackt
1 Frühlingszwiebel, feine Ringe
1 Scheibe Weizenvollkorntoast, zerbröselt
1 TL grüner Pfeffer
1 Ei
Salz

Eine flache Auflaufform mit der Butter ausstreichen. Deckel von den Tomaten abschneiden und die Früchte vorsichtig aushöhlen. Gorgonzola, Petersilie, Frühlingszwiebeln, Brot, Pfeffer und Ei vermischen. Die Masse mit Salz abschmecken und in die Tomaten füllen. Deckel aufsetzen und die Tomaten im vorgeheizten Ofen bei mittlerer Hitze 20 Minuten backen.

SCHAFSKÄSE-KRÄUTER-SOUFFLÉ

Für 4 Personen

½ TL Butter
300 g Schafskäse (Feta), kleine Stücke
200 g Quark
3 Eier
50 g Weizenvollkornmehl
1 Bund Petersilie, fein gehackt
2 EL Dill, fein gehackt
2 Knoblauchzehen, gepreßt
1 Prise Basilikum
1 Prise Thymian
1 Prise Oregano
schwarzer Pfeffer, frisch gemahlen

Eine kleine Auflaufform (ca. 20 cm Durchmesser) mit der Butter fetten. Alle Zutaten mit dem Handrührgerät vermischen. Die Masse in die Form streichen. Das Soufflé im vorgeheizten Ofen bei mittlerer Hitze 20 Minuten backen.
Dazu paßt ein Blattsalat mit Minz-Vinaigrette (S. 33).

Reste vom Vortag
Sie haben noch Kartoffeln vom Vortag oder in weiser Voraussicht eine doppelte Portion Hirse, Nudeln oder Reis gekocht? Die beste Grundlage für ein erfreuliches Gericht aus dem Backofen! Etwas fein geschnittenes Gemüse, Sahne und Käse dazu, Gewürze und Kräuter darübergestreut, und wieder einmal ist das Problem: »Was essen wir heute?« gelöst.

HIRSE-GRATIN MIT FRÜHLINGS-ZWIEBELN

Für 3 Personen

1 EL Butter
500 g gekochte Hirse
5 Frühlingszwiebeln, feine Ringe
1 Bund Petersilie, fein gehackt
Salz
Pfeffer, frisch gemahlen
200 g Brie, dünne Scheiben
50 g Emmentaler, gerieben

Eine flache Auflaufform mit ½ Teelöffel Butter ausstreichen. Die Hirse in die Form geben, die Hirseschicht soll nicht dicker als 1,5 cm sein. Frühlingszwiebeln mit Petersilie, Salz und Pfeffer vermischen und auf die Hirse geben. Brie darauf verteilen, Emmentaler über das Gratin streuen und die restliche Butter in Flöckchen darauf geben. Im vorgeheizten Ofen bei mittlerer Hitze 20 Minuten backen.
Dazu schmecken Blattspinat mit Knoblauch und Olivenöl (S. 65) oder Kohlrabi in Zitronensauce mit Minze (S. 63).

SPAGHETTIPIZZA

Der Pizzaboden: Spaghetti, Ei und Sahne. Obendrauf alles, was wir an einer guten Pizza schätzen.

Für 4 Personen

1 TL Butter
500 g gekochte Spaghetti
3 EL Sahne
1 EL Crème fraîche
1 Ei
1 Prise geriebene Muskatnuß
schwarzer Pfeffer, frisch gemahlen
Salz
100 g Champignons, dünne Scheiben
1 Tomate, dünne Scheiben
½ Paprikaschote, feine Ringe
½ Zwiebel, feine Ringe
1 Knoblauchzehe, fein gehackt
200 g Mozzarella
¼ TL Oregano
¼ TL Basilikum
¼ TL Thymian
50 g Parmesan, gerieben
1½ EL Olivenöl

Eine große flache Auflaufform oder ein kleines Backblech mit der Butter ausstreichen. Mit einer 1,5 cm dicken Schicht Spaghetti belegen. Sahne, Crème fraîche und Ei verrühren, mit Muskat, Pfeffer und Salz würzen. Die Sahnemischung über die Spaghetti gießen. Die Nudeln mit Champignons, Tomatenscheiben, Paprikaringen, Zwiebeln und Knoblauch belegen, die Gemüse leicht salzen. Mozzarella auf den Gemüsen verteilen, Oregano, Basilikum, Thymian und Parmesan darüberstreuen. Die Spaghetti-Pizza mit Olivenöl beträufeln und im vorgeheizten Ofen bei guter Hitze 12 bis 15 Minuten backen.

KARTOFFEL-ZUCCHINI-GRATIN

1 EL Butter
500 g gekochte Kartoffeln, dünne Scheiben
400 g Zucchini, 3 mm dünne Scheiben
Salz
1 Prise geriebene Muskatnuß
Pfeffer, frisch gemahlen
50 ml Sahne
80 g Gruyère oder Bergkäse, gerieben

Eine große flache Auflaufform mit 1 Teelöffel Butter ausstreichen. Kartoffeln und Zucchini einschichten, die Gemüseschicht darf nicht dicker als 3 cm sein. Die Gemüse leicht salzen, mit Muskat und Pfeffer würzen und die Sahne über das Gemüse gießen. Den Käse und die restliche Butter obenauf verteilen. Das Gratin bei guter Hitze im vorgeheizten Ofen 20 Minuten backen.
Besonders lecker schmecken zu diesem Gratin kalte Tomatensaucen (S. 119).

WARME DESSERTS
Süß, die leichte Überraschung

Zum Abschluß der Mahlzeit setzen Sie mühelos den kulinarischen Genüssen die Krone auf. Im wahrsten Sinne des Wortes, eine zart karamelbraune Krone aus gebackenem Eischnee, die sich über heißen, süßen Beeren türmt. Dramatisch der Augenblick, wenn Sie mit einer duftenden Schaumwoge aus der Küche kommen. Ihre Gäste können nur noch in erstaunt entzückte Rufe ausbrechen, die sich steigern, offenbart sich das fruchtige Innenleben Ihrer luftig leichten Schöpfung. Sind die ersten Kostproben dieser schaumgeborenen Götterspeise auf der Zunge geschmolzen, werden die Gäste den Hut vor Ihrer Kochkunst ziehen. Sie nehmen die Komplimente dankend lächelnd an und bewundern sich im Stillen selbst dafür, wie leicht Sie es sich heute gemacht haben: Nach dem Hauptgericht den Gästen eine Überraschung versprochen und sie gebeten, nicht in die Küche zu kommen. 500 g aufgetaute Himbeeren, 150 g Zucker, 4 Eier und ½ Teelöffel Butter bereitgestellt und spielend einfach das Rezept der »geküßten Früchtchen« (Beeren mit Eischnee überbacken) von S. 126 zubereitet.

Nach dem Erfolg Ihres Desserts verwerfen Sie ein für allemal das Vorurteil, daß gut essen etwas mit viel Arbeit zu tun hat und planen schon für morgen: An einem ganz normalen, stressigen Werktag werden Ihre Lieben mit einem Karibischen Bananen-Kokosgratin (S. 123) zum Dessert verwöhnt. Die 5 Minuten, bis das Ganze im Ofen steht, können Sie leichten Herzens aufbringen.

SCHMELZENDE APRIKOSEN

Für 4 Personen

8 große Aprikosen
1½ EL Butter
50 g Mandelsplitter
1 TL Succanat oder brauner Zucker (Demerara)
125 ml Sahne

Aprikosen heiß überbrühen, häuten, halbieren und entkernen. Eine kleine Auflaufform mit ½ Eßlöffel Butter ausstreichen. Die restliche Butter schmelzen, mit Mandeln und Succanat vermischen. Aprikosenhälften in die Form setzen, die Buttermischung darüber verteilen. Die Aprikosen im vorgeheizten Ofen bei mittlerer Hitze 12 Minuten backen, dann mit geschlagener Sahne servieren.

APFELGRATIN MIT WEIZENSPROSSEN UND DATTELN

Ein Winternachtisch – servieren Sie ihn dem Weihnachtsmann nach der Bescherung.

Für 3 Personen

1 TL Butter
3 mittelgroße, säuerliche Äpfel, 1 cm dicke Schnitze
7 getrocknete Datteln, geviertelt
3 EL Weizenkeime
3 EL Cognac
1 EL Succanat oder brauner Zucker (Demerara)
1½ EL Haselnußmus
125 ml Sahne

Eine flache Auflaufform mit der Butter ausstreichen. Apfelschnitze und Datteln in einer Lage in die Form schichten. Weizenkeime über das Obst streuen. Cognac, Succanat und Haselnußmus gut verrühren und auf den Äpfeln verteilen. Das Gratin im vorgeheizten Ofen bei mittlerer Hitze in 12 bis 15 Minuten backen. Dann mit geschlagener Sahne servieren.
Anstelle der Weizenkeime können Sie auch gehackte Nüsse verwenden.

GEBACKENE ANANAS »BAHIA«

Für 4 Personen

30 g Butter
1 Ananas, 1 cm dicke Scheiben
100 g Mandelsplitter
2 EL Honig
200 ml Sahne

Eine flache Auflaufform mit ½ Teelöffel Butter ausstreichen. Ananasscheiben in einer Schicht in die Form geben. Restliche Butter schmelzen, mit Mandelsplittern und Honig vermischen. Die Mandelmasse auf die Ananasscheiben streichen. Im vorgeheizten Ofen bei mittlerer Hitze 15 Minuten backen, bis die Mandeln goldbraun sind. Dann mit geschlagener Sahne servieren.

Backformen
Ich habe die Desserts in Metallformen gebacken, aus Email oder Edelstahl. Metall erwärmt sich schneller als Keramik oder Glas. In Keramik- oder Glasformen erhöht sich die Backzeit um wenige Minuten.

KARIBISCHES BANANEN-KOKOS-GRATIN

Dieses Dessert ist ein Hit! – An Einfachheit und Wohlgeschmack kaum zu überbieten. Ich habe allerdings ein kleines Problem damit, ich kann mich nicht entscheiden, wie es mir besser schmeckt: 10 Minuten gebacken mit sahniger Kokos-Rumsauce oder 20 Minuten gebacken mit knuspriger Kokoskruste.

Für 4 Personen

1 TL Butter
4 Bananen, in je 3 Längsscheiben geschnitten
2 EL Rum
abgeriebene Schale von ¼ ungespritzten Zitrone
1 EL Succanat oder brauner Zucker (Demerara)
100 ml Sahne
2 EL Kokosflocken, ungesüßt

Eine große flache Auflaufform mit der Butter ausstreichen. Die Bananenscheiben nebeneinander in die Form legen. Der Boden der Form muß ganz ausgefüllt sein. Rum, Zitronenschale und Succanat auf den Bananen verteilen. Die Sahne darübergießen und die Kokosflocken über das Gratin streuen. Im vorgeheizten Backofen bei mittlerer Hitze 10 bis 20 Minuten (siehe oben) backen.

JAMAIKANISCHES ANANASKOMPOTT

Das könnte ein Lieblingsnachtisch werden!

Für 4 Personen

100 g Kokosflocken, ungesüßt
3 EL Succanat oder brauner Zucker (Demerara)
1 große Ananas, 1 cm dicke Stückchen
2 EL Rum
150 ml Sahne

Die Kokosflocken mit 300 ml Wasser zum Kochen bringen, dann sofort vom Herd nehmen (kocht über!) und durch ein Sieb gießen (die Flüssigkeit dabei auffangen). Die Kokosflocken mit einem Rührlöffel gut ausdrücken, im Sieb beiseite stellen und etwas auskühlen lassen. Kokosmilch und Succanat in einem kleinen Topf zum Kochen bringen, die Ananasstücke zufügen und das Kompott im offenen Topf 12 bis 15 Minuten kochen. Gegen Ende der Kochzeit die Kokosflokken mit der Hand gut ausdrücken und die zusätzliche Kokosmilch zum Kompott geben. Das fertige Kompott mit Rum abschmecken. Reichen Sie kühle Schlagsahne zum heißen Kompott. Wie das Kompott kalt schmeckt konnte ich leider nicht in Erfahrung bringen, denn es wurde immer sofort aufgegessen.

ÜBERBACKENE PFIRSICHE

Für 4 Personen

1 EL Butter
4 Pfirsiche, halbiert, entsteint
8 getrocknete Datteln, kleine Stücke
30 g Pinienkerne
1 EL Honig
150 ml Schlagsahne

Eine Auflaufform mit ½ Teelöffel Butter ausstreichen. Die Früchte mit der Schnittfläche nach oben in die Form setzen. Datteln, Pinienkerne und Honig vermischen und die Masse in die Früchte füllen. Die restliche Butter auf der Füllung verteilen. Die Früchte im vorgeheizten Ofen bei mittlerer Hitze 15 bis 18 Minuten backen. Dann mit geschlagener Sahne servieren. Schmeckt heiß und kalt.
Im Winter können Sie anstelle der Pfirsiche Äpfel verwenden, im Herbst säuerliche Birnen.

ERDBEERSAUCE

500 g Erdbeeren
3 EL Honig

Erdbeeren und Honig im Mixer pürieren. Die Sauce in einem kleinen Topf erhitzen und 3 Minuten leicht kochen, dabei ab und zu umrühren.

TOPFENKNÖDEL MIT ERDBEERSAUCE

Hauptspeise für 2 Personen
Nachspeise für 4 Personen

Salz
250 g Quark (10% Fett)
70 g Weizenvollkornmehl, auf feinster Stufe gemahlen oder Weizenmehl (Type: 1050)
1 Ei
30 g brauner Zucker (Demerara)
20 g weiche Butter, kleine Stücke
1 Rezept Erdbeersauce

geröstete Mandelsplitter:
1 TL Butter
2 TL Mandelsplitter

In einem großen Topf reichlich Salzwasser zum Kochen bringen. Quark, Mehl, Ei, Zucker, Butter und 1 Prise Salz mit dem Handrührgerät rasch vermischen! Aus dem Teig kleine Knödel mit 4 cm Durchmesser formen. Die Knödel im leicht kochenden Salzwasser ohne Deckel 15 Minuten ziehen lassen. In dieser Zeit die Mandelsplitter zubereiten: In einer kleinen Pfanne die Butter erhitzen, die Mandelsplitter darin kurz unter Rühren goldbraun braten und auf einen Teller geben. Die fertigen Knödel mit dem Schaumlöffel aus dem Wasser nehmen, portionsweise anrichten, mit Mandelsplittern garnieren und mit Erdbeersauce umflossen servieren.

GEDÄMPFTE ÄPFEL »BESCHWIPST MIT SCHLAG«

Das schnellste Apfelrezept! Die Äpfel werden im Wasserdampf schaumig-weich gegart und saugen sich mit Rumsauce voll, dazu kühle Schlagsahne.

Für 4 Personen

4 säuerliche Äpfel, geschält, geviertelt
4 EL Rum oder Cognac
2 EL Succanat oder brauner Zucker (Demerara)
1 gute Prise Zimt
250 ml Sahne

Äpfel in einem Siebeinsatz über kochendem Wasser im Dampf zugedeckt in 3 bis 5 Minuten schaumig-weich kochen (schauen Sie schon nach 3 Minuten nach den Äpfeln, sie zerfallen leicht). Rum, Succanat und Zimt gut verrühren. Sahne steif schlagen. Die gedämpften Äpfel auf Desserttellern anrichten, mit Rumsauce beträufeln und mit Schlagsahne servieren.

GEFÜLLTES BISKUIT-OMELETTE MIT HEIDELBEERSAUCE

Das Rezept sieht kompliziert aus, ist es aber nicht! Die Zubereitung beginnt mit der Heidelbeersauce. Die köchelt leise vor sich hin, während Sie die Erdbeerfüllung anrühren. Erst ganz zum Schluß wird das Omelette in einer Pfanne (am besten einer gußeisernen Omelettepfanne) in 7 Minuten im Ofen gebacken.

Hauptgericht für 2 Personen
Nachspeise für 4 Personen

Heidelbeersauce:
250 g Heidelbeeren frisch oder gefroren
2 EL brauner Zucker (Demerara)

Erdbeer-Joghurtfüllung:
150 g Joghurt
2 EL Honig
250 g Erdbeeren, halbiert

Biskuitomelette:
1 TL Butter
etwas Mehl zum Bestäuben der Pfanne
3 Eiweiß
40 g brauner Zucker (Demerara)
1 Prise geriebene Zitronenschale von einer ungespritzten Zitrone
3 Eigelb
40 g Weizenvollkornmehl, auf feinster Stufe gemahlen oder Weizenmehl (Type: 1050)

Heidelbeersauce: Heidelbeeren und Zucker in einem kleinen Topf verrühren und in 10 bis 12 Minuten bei mittlerer Hitze zu einer Sauce einkochen, dabei ab und zu umrühren.
Erdbeer-Joghurtfüllung: Joghurt und Honig verrühren, Erdbeeren untermischen.
Biskuitomelette: Eine Omelettepfanne mit feuerfestem Stiel (ca. 21 cm Durchmesser) mit Butter gut ausstreichen und mit Mehl bestäuben. In einer schmalen hohen Rührschüssel das Eiweiß mit dem Handrührgerät steif schlagen. Zukker nach und nach zugeben und solange rühren, bis sich der Zucker aufgelöst hat. Mit dem Kochlöffel nacheinander vorsichtig abgeriebene Zitronenschale, Eigelb und Mehl unterheben. Die Masse gleichmäßig in die Pfanne streichen und im vorgeheizten Ofen, bei mittlerer Hitze 7 Minuten backen. Damit sich das Omelette zusammenklappen läßt, einmal diagonal durch die Mitte einritzen. Das Omelette auf eine Platte stürzen, eine Hälfte mit der Erdbeer-Joghurtfüllung bestreichen, zusammenklappen und sofort servieren. Reichen Sie die heiße Heidelbeersauce getrennt dazu.

»GEKÜSSTE FRÜCHTCHEN«

Für 6 Personen

½ TL Butter
500 g Heidelbeeren, Himbeeren, Erdbeeren
4 Eigelb
50 g brauner Zucker (Demerara)

Eischnee:
4 Eiweiß
100 g brauner Zucker (Demerara)

Den Boden einer flachen Auflaufform (ca. 25 cm Durchmesser) mit der Butter ausstreichen (am schönsten sieht das Dessert in einer runden Form aus). Beeren in die Form geben. Aus Eigelb und Zucker eine Creme rühren und über die Beeren gießen. Die Beeren im vorgeheizten Ofen bei starker Hitze im oberen Drittel des Ofens 7 bis 10 Minuten backen, bis die Eiermasse goldbraun ist. In dieser Zeit das Eiweiß sehr steif schlagen. Zucker nach und nach zugeben und solange rühren, bis sich der Zucker aufgelöst hat. Die Eischneemasse gleichmäßig auf die heißen Beeren streichen und im oberen Drittel des Ofens bei starker Hitze 3 Minuten überbacken. Die Eischneemasse soll nur ganz zart karamelbraun sein. Die »geküßten Früchtchen« sofort servieren.

ARABISCHER BIRNENSALAT MIT SESAM UND DATTELN

Kein ganz warmes Dessert, nur die Sesamkörner werden knusprig geröstet, das ist aber entscheidend für den Wohlgeschmack.

Für 4 Personen

4 saftige Birnen, dünne Scheibchen
8 frische Datteln, geviertelt
Saft von 1 Zitrone
100 g Mascarpone
50 g Kefir
3 EL Honig
1 EL ungeschälte Sesamkörner

Birnenscheibchen und Datteln mit Zitronensaft vermischen. Mascarpone, Kefir und Honig mit dem Handrührgerät vermischen. Die Creme unter die Birnen rühren. Die Sesamkörner in einer trockenen Pfanne kurz unter Rühren anrösten, bis sie anfangen hochzuspringen, sofort vom Herd nehmen und unter den Salat mischen.

HEISSE HIMBEEREN MIT VANILLECREME

Himbeergenuß auch außerhalb der Saison, ein Rezept für gefrorene Himbeeren.

Für 4 Personen

500 g Himbeeren
4 EL Honig

Vanillecreme:
2 Vanillestangen
350 g Quark
150 g Joghurt
3 EL Honig

Himbeeren mit dem Honig in einem Topf unter Rühren erhitzen und 3 bis 5 Minuten leicht kochen. *Vanillecreme:* Die Vanilleschoten mit einem scharfen Messer der Länge nach halbieren, das Mark mit einem Teelöffel herauskratzen. Alle Zutaten für die Creme mit dem Handmixer vermischen. In hohe Gläser abwechselnd heiße Himbeeren und Vanillecreme einfüllen.
Die ausgekratzten Vanilleschoten können Sie für Vanillebrandy oder Vanillezucker (S. 41) verwenden.

SUPPE, SALAT UND VOLLKORNBROT

Grundvoraussetzung des schnellen Kochens ist es, daß verschiedene Gerichte problemlos gleichzeitig zubereitet werden können. Kein gehetztes, beidhändiges Rühren in diesem Topf und jener Pfanne, dererlei Virtuosität soll neidlos den Klavierspielern vorbehalten bleiben. Nein, während das eine Gericht friedlich vor sich hinköchelt, ohne daß ständig die Gefahr droht: »Gleich brennt etwas an, kocht etwas über, gerinnt, zerfällt oder platzt«, wird ganz in Ruhe ein zweites Gericht zubereitet.
Eine der idealen Kombinationen für diese entspannte Gleichzeitigkeit mit köstlichem Ergebnis:
Suppe, Salat und Vollkornbrot.
Ein kleines Winteressen, das satt macht, beginnt zum Beispiel mit einer großen Schüssel Feldsalat, zwischen den dunkelgrünen Blättchen zeigen sich dünne Scheiben von gebratenen Champignons und würzige Kressesprossen, die Sauce eine Vinaigrette, mit ein paar Tropfen Sojasauce und Knoblauch gewürzt. Die Suppe dampfend heiß, eine interessante Variation der beliebten Kartoffelsuppe, mild mit Buttermilch und Kräutern abgeschmeckt. Dazu ein paar Scheiben Vollkornbrot.

Feldsalat mit gebratenen Champignons und Kresse
Buttermilch-Kartoffelsuppe mit Kräutern
Vollkornbrot

Bulgarischer Bauernsalat »Sopska Salata«
Roggensuppe mit Steinpilzen

Endiviensalat mit Joghurt-Senfsauce
Misosuppe mit Kohlrabi, gebratenem Tofu und Spinat
Vollkornbrot mit Sonnenblumenkernen

DRINK, GERICHT AUS DEM BACKOFEN UND EINE GETREIDE-BEILAGE

Noch ein unkompliziertes Dreigespann, das trotz oder wegen größter Einfachheit den Ansprüchen einer gesunden, ausgewogenen Ernährung entspricht. Befürchten Sie jetzt nicht, daß sich die Einfachheit der Zubereitung geschmacksmindernd auf Ihre gekochten Produkte auswirkt. Im Gegenteil, ganz neue kulinarische Entdeckungen erwarten Sie.
Ersetzen Sie Suppe und Salat durch ein schnell gemixtes Getränk, besonders im Sommer wird diese erfrischende, durststillende Art der Vitaminaufnahme viele Anhänger finden. Warten Sie mit der Zubereitung des Drinks bis kurz vor dem Servieren, er soll schäumend aus dem Mixbecher ins Glas kommen – ein Hochgenuß!
Im Backofen können sich die Gemüse ungestört mit dem Aroma von Käse und Kräutern verbinden. Reis, Hirse oder Polenta dampfen im Schnellkochtopf vor sich hin und Ihnen bleibt genug Zeit, alle Zutaten für den Drink vorzubereiten, dessen Qualität von der »Zubereitung in letzter Minute« abhängt.

Vitamin-Mix
Schafskäse-Kräuter-Soufflé
Vollkornbaguette

Tropischer Früchte-Cocktail »Aloha in Samoa«
Champignons mit Kräuterfüllung und Zitronencreme
Naturreis

Ayran
Brokkoli mit Tomaten, Oliven und Schafskäse überbacken
Vollkornbaguette

TOAST UND EINE KLEINIGKEIT

Brot, fast immer im Haus, ist die substanzielle Grundlage – im wahrsten Sinn des Wortes – für die verschiedensten Toasts. Sei das Brot nun aus Weizen, Roggen, »körniglich« gemischt, herzhaft gewürzt oder mit Nüssen und Samen verfeinert. Zum Toast eignet sich noch das letzte Stückchen, auch wenn es nicht mehr ganz taufrisch ist.
Auch der Käse, der üppig auf dem Brot in der Hitze des Ofens dahinschmilzt, bietet viele Variationsmöglichkeiten.
Es muß nicht immer Emmentaler sein! Eine riesige Käseauswahl verlockt zu neuen Rezepten für den schnellen, heißen Happen. Ein kleiner Tip zum Gelingen der vielen Toast-Ideen: Garnieren Sie den Toast immer mit etwas Frischem, Knackigem: einem Salatblatt, Gurkenscheiben, Tomatenschnitzen, Zwiebelringen, Sprossen.
Damit aus dem Imbiß eine volle Mahlzeit wird, leicht zubereitet und ein Genuß vom ersten bis zum letzten Bissen, gibt es vor dem Toast eine Suppe, dazu vielleicht einen abwechslungsreichen Salat oder als Überraschung ein raffiniertes Dessert.

EG-Toast
Bunter Salat mit Kartoffel-Dressing

Kalte Sommergemüsecreme mit Basilikum
Ziegenkäsetoast mit provençalischer Sauce

Toast »Via Mexico!«
Karibisches Bananen-Kokos-Gratin

Tofu-Toast »Ein Hauch von Süden«
Chinesischer Salat mit Endivien, Karotten und Orangen

Gegrilltes Käsesandwich
Cubanisches Zitroneneis

SALAT UND NUDELGERICHTE

Diese Zusammenstellung bedarf keiner großen, allgemeinen Erklärung. Mir ist niemand bekannt, der nach einem großen Teller Pasta und einem Salat nicht höchst zufrieden ist, ich selbst könnte mich tagelang davon ernähren.
Warum sich den Kopf zerbrechen, wenn man Nudeln kochen kann. Damit Abwechslung in den Topf kommt, sollten Sie die bewährte Ebene von Nudeln und Tomatensauce kühn verlassen und auch andere Zutaten unter die Immerguten mischen:
Hauchdünne, kurzgebratene Pilzscheiben und leuchtend grüne, blanchierte Spinatblätter, sahnig vermischt mit Crème fraîche, gewürzt mit frisch geriebenem Parmesan, einer guten Prise Pfeffer und kleinen Ringen von Frühlingszwiebeln. Oder herzhaft, ungewohnt, aber wert ausprobiert zu werden, sind gedünstete Brokkoliröschen, Lauch und Tomaten, die mit pikanten Schafskäsestückchen, Oliven und Petersilie unter die Spaghetti gehoben werden.

Mexikanischer Avocado-Salat
Spaghetti mit Roquefortcreme

Salat »Tri Colori« mit Brunnenkresse
Nudeln mit Spinat und Pilzen

Blattsalate mit Walnüssen und Minz-Vinaigrette
Spaghetti mit Paprika, Tomaten und Gorgonzola

Feldsalat mit Champignons und Kresse
Nudeln mit Gemüse und Schafskäse

Salat »California« mit Edelschimmelkäse
Rigatoni mit Kräutern und Tomaten

GERICHTE AUS DER PFANNE IN LECKERER BEGLEITUNG

Besonders im Urlaub sind sie beliebt: die kunterbunten Gerichte für viele Personen aus einer großen Pfanne. Wer will schon Berge von Töpfen abspülen, wenn Erholung auf dem Programm steht!
Aber auch außerhalb der Ferienzeit hält sich die Begeisterung für den Abwasch in engen Grenzen, und mancher Anlauf etwas zu kochen endet aus diesem Grund, zwar bedauerlich aber unaufhaltsam, mit dem Büchsenöffner in der Hand.
Die Aussicht, nach dem Essen nur mit einer einzigen Pfanne konfrontiert zu sein, könnte dieses Verhalten grundlegend ändern, besonders wenn mit vorzüglichen Resultaten zu rechnen ist. Weltweite Möglichkeiten stehen dafür offen, inspiriert von chinesischer Kochkunst, ländlicher französischer Tradition oder der deftigen spanischen Küche. Viel Salat paßt am besten zum Pfannengericht und auf dem Teller harmonisieren die Einflüsse der verschiedensten Kulturkreise.

Chinesische gebratene Nudeln
Mango mit Kokos-Orangencreme

Französische Lauch-Kartoffelpfanne mit Brie
Salat »Tri Colori« mit Brunnenkresse

Gemüse-Kräutersuppe der schönen Helene
Gefülltes Biskuitomelette mit Heidelbeersauce

Knoblauchtortilla
Indischer Kartoffelsalat

Kalte Joghurt-Gurkensuppe mit Kräutern
Griechische Kartoffelpfanne mit Paprika und Schafskäse

GEMÜSEGERICHTE UND ETWAS DRUMHERUM

Zu einem Gemüsegericht sollten Sie der Vollständigkeit halber, sowohl in geschmacklicher als auch gesundheitlicher Hinsicht, eine Getreidebeilage reichen. Am Schnellsten kommt sie in Form einiger Brotscheiben auf den Tisch, aber mit der druckreichen Unterstützung des Schnellkochtopfs erweichen auch die härtesten Getreidekörner in 20 Minuten.
Und ist das Gemüse noch so rasch mit gutem Biß gegart, eine frische Kleinigkeit aus rohen Zutaten ergänzt Gemüse und Getreide und vermittelt das erfreuliche Gefühl, trotz wenig Zeit zum Kochen gut gegessen zu haben.
Salat oder Dessert, süß oder sauer, wer sich nicht entscheiden kann, schließt einen Kompromiß mit seinen Geschmacksnerven, ein zart süß-sauerer Salat aus Orangen, fein geraspelten Roten Beten und Karotten. Und zum Dessert kommt in den Obstsalat was die Jahreszeit reif und saftig bietet.

Kohlrabi in Zitronensauce mit Minze
Gewürzte Hirse
Exotischer Obstsalat mit Erdnußsauce

Lauch mit Gorgonzola
Polenta
Topfenknödel mit Erdbeersauce

Granatapfel-Karotten-Salat auf Fenchel
Arabischer Gemüsetopf
Hirse

Bulgarischer Bauernsalat »Sopska Salata«
Brokkoli mit Kräuter-Senfbutter
Vollkornbaguette

EIN KLEINES FEINES ESSEN

Eine kolossale Anstrengung muß es nicht sein, wenn Gäste abends zum Essen gebeten werden, besonders an einem Wochentag, wenn man schon genug getan hat. Es funktioniert auch anders.
Vergessen Sie die Vorstellung, daß zu einer ordentlichen Einladung möglichst aufwendige Gerichte gehören, von denen die Gäste auf Tage hinaus satt sind. Mit einem vollen Bauch träumt sich's nicht gut. Riskieren Sie ein kleines, feines Essen, ohne große Mühe in kurzer Zeit zubereitet, dessen hervorragende Qualität in seiner Leichtigkeit und Frische liegt. Ihre Gäste werden sehr zufrieden nach Hause gehn.

Kalte Avocado-Buttermilchsuppe
Spaghetti mit Auberginen, Tomaten und Pinienkernen
Mascarpone-Vanillecreme mit sommerlichem Obstsalat

Chicorée gefüllt mit Hüttenkäse und Mandarinen
Tomaten mit Gorgonzolafüllung
Knoblauchbrot
Schmelzende Aprikosen

Spinatsalat »Sarda« mit Schafskäse
Champignons mit Kräuterfüllung und Zitronencreme
Hirse
Haselnuß-Orangencreme

Avocadocreme mit roten Paprikaschoten
Vollkornbaguette
Suppe »Die den Drachen freundlich stimmt«
»Geküßte Früchtchen«

Ananas-Cocktail »King Creole«
Kalte Avocado-Buttermilchsuppe
Vollkornbaguette
Mango mit Kokos-Orangencreme

Mango mit Kokos-Orangencreme *(Rezept Seite 42)*

FERNÖSTLICHES MENUE

Die Hauptzutaten dieser Gerichte sind uns wohlbekannt, was ist schon fernöstlich an Kohlrabi? Gar nichts und doch alles! Auf das richtige Würzen kommt's an, und schon verwandeln sich Kohlrabi, Karotten und Erbsen in ein exotisches Gemüse. Die sämige Sauce aus Kokosmilch, aromatisiert mit Currygewürzen macht den Unterschied aus. Bei der Salatmarinade ist es ein Hauch Ingwer, beim Gemüse aus Paprika, Tomaten, Zucchini und Pilzen sind es die Sojasauce und ein paar Erdnüsse. Kleinigkeiten, überall leicht erhältlich, machen aus alltäglichen Nahrungsmitteln fremde Genüsse.
Ein Festmahl ganz ohne tierisches Eiweiß, trotzdem ausgewogen und einem Feinschmecker würdig. Die fernöstliche Küche bietet dafür unzählige Möglichkeiten.

Gemüsesuppe »Drei Köstlichkeiten«
Brokkoli, Karotten, Tofu und Sprossen
Naturreis
Frisches Obst

Salat »Java« mit Ingwer-Vinaigrette und Kokosflocken
Paprika, Tomaten, Zuccchini und Pilze »Sirikit«
Naturreis
Gebackene Ananas »Bahia«

Salat »Vier mal grün« mit Hongkong-Dressing
Junges Gemüse in Curry-Kokoscreme
Naturreis
Erdnuß-Orangeneis

Misosuppe mit Ei und Frühlingszwiebeln
Auberginen, Pilze und Sprossen mit geröstetem Sesam
Naturreis
Exotischer Obstsalat mit Erdnußsauce

INDISCHE TAFEL

Nur Suppe und Dessert werden bei einer indischen Tafel separat serviert. Sämtliche anderen Gerichte kommen gleichzeitig auf den Tisch, werden nach Lust und Laune miteinander verspeist. Entscheidend dabei ist, daß die sättigenden Gemüse- und Reisgerichte von kleinen Saucen begleitet werden: ein höllisch scharfes Chutney, leicht süß-sauer aus reifen Früchten und/oder eine kühlende Raita, eine kalte Sauce auf Joghurtbasis.
Wenn die Zeit nicht mehr reicht, servieren Sie Naturjoghurt zur indischen Tafel, auch das ist stilecht.
Soll die Tafel aufwendig, eine reine Augenfreude für die Gäste werden, arrangieren Sie auf einem großen Teller dekorativ fein aufgeschnittene Obstscheiben, exotisch und einheimisch gemischt. Ananas, Äpfel, Bananen, Orangen, Birnen, Pfirsiche. Dazu noch kleine Schälchen mit den verschiedenen Nüssen, von Mandeln und Walnüssen bis zu Pistazien und Pinienkernen.

Apfel-Walnuß-Salat mit Stangensellerie
Blumenkohlcurry
Gurken-Minze-Raita
Aprikosen-Chutney
Indischer Reis

Indische Festtagssuppe
Buntes Gemüsecurry in Kokosmilch
Mango-Chutney
Naturreis
Datteln gefüllt mit Sesamcreme

EIN WIRKLICH KALTES BUFFET

Stellen Sie sich vor, Sie haben keinen Herd und wollen eine Einladung geben. Gar nicht so abwegig die Idee, wie sie auf den ersten Blick erscheint. Ein Fest im Büro, die Party im Klassenzimmer zum Schulschluß, das Sommerfest im Gartenhaus. Kein Grund, die Ansprüche an ein Buffet herunterzuschrauben. Jetzt erst recht!

Die wahre Kochkunst erweist sich in Extremsituationen. Obwohl Kochkunst für die erforderlichen Fähigkeiten nicht der passende Ausdruck ist, es ist eher die Kunst des Schneidens, Mischens und Abschmeckens, die hier gefragt ist.

Es macht auch Spaß dieses Buffet in Gemeinschaftsarbeit vorzubereiten. Rechnen Sie pro Rezept eine Person und maximal 15 Minuten! Ein schneller Spaß! Die Variationsmöglichkeiten dieser kleinen Rechnung sind vielfältig, gehören aber eher in den Bereich des lebensnahen Mathematikunterrichts.

Gefüllte Tomate »Bella Italia«
Ziegenkäsecreme mit Kräutern
Edelschimmel-Mascarponecreme
Tofukräutercreme
Salat »Smoky Joe«
Apfel-Walnuß-Salat mit Stangensellerie
Chicorée gefüllt mit Hüttenkäse und Mandarinen

KALTES BUFFET, HEISS UND KALT ZUBEREITET

Dieses Buffet kann in zwei Etappen zubereitet werden: am Tag zuvor die Salate, so haben die Gemüse Gelegenheit, sich mit der würzigen Marinade vollzusaugen. Am Tag der Einladung müssen Sie nur noch die Knoblauchtortilla backen und die verschiedenen Cremes anrühren. So können Sie sich in Ruhe und mit viel Muse einer entscheidenden Aufgabe widmen: dem optisch wirkungsvollen Aufbau des Buffets.

Bereichern Sie es um eine Platte auf der Tomaten-, Paprika-, Gurkenscheiben und Frühlingszwiebeln phantasievoll dekoriert sind, dazu Schälchen mit Oliven, Essiggürkchen, Perlzwiebeln und einen großen Korb mit verschiedenen Brotsorten.

Zum Nachtisch steht eine große Schale mit Obst bereit. Die Trauben nicht vergessen, manche Gäste essen sie gern zu den Käsecremes!

Brokkoli, Pilze und Karotten in Weißwein-Marinade
Marinierter Blumenkohl à la Grèque
Arabischer Linsensalat mit Minze
Knoblauchtortilla
Sesamquarkcreme
Camembertcreme mit grünem Pfeffer
Paprika mit Oliven-Ziegenkäsecreme

REGISTER

GRUNDREZEPTE

GEFÜLLTE HÄPPCHEN

BROTAUFSTRICHE

KALTE SUPPEN

KALTE DESSERTS

EISCREMES

DRINKS

TOASTS

ALLES AUS EINER PFANNE

SALATE

SUPPEN

GEMÜSE

NUDELGERICHTE

AUS DEM BACKOFEN

WARME DESSERTS